CINCO PROMESAS *de* DIOS PARA TIEMPOS DIFÍCILES

JAMES MACDONALD

PORTAVOZ

La misión de Editorial Portavoz consiste en proporcionar productos de calidad —con integridad y excelencia—, desde una perspectiva bíblica y confiable, que animen a las personas a conocer y servir a Jesucristo.

Título del original: *Always True* © 2011 por James MacDonald y publicado por Moody Publishers, 820 N. LaSalle Boulevard, Chicago, IL 60610. Traducido con permiso.

Edición en castellano: *Cinco promesas de Dios para tiempos difíciles* © 2012 por Editorial Portavoz, filial de Kregel Publications, Grand Rapids, Michigan 49501. Todos los derechos reservados.

Traducción: Daniel Menezo

EDITORIAL PORTAVOZ
P.O. Box 2607
Grand Rapids, Michigan 49501 USA
Visítenos en: www.portavoz.com

ISBN 978-0-8254-1834-1 (rústica)
ISBN 978-0-8254-0379-8 (Kindle)
ISBN 978-0-8254-8485-8 (epub)

1 2 3 4 5 / 16 15 14 13 12

Impreso en los Estados Unidos de América
Printed in the United States of America

A mi padre,
Verne MacDonald,
quien en medio del valle más profundo de la vida
demostró las promesas de Dios y quien, por medio de su fe,
adornó el evangelio ante todos aquellos que le conocieron.

CONTENIDO

PREFACIO

Llevo más de treinta años amando al mismo hombre, que es el autor de este libro. Le he visto salir victorioso al enfrentarse a presiones y problemas que podían aplastar (y lo hicieron) a otros hombres. Soy una "fan" declarada de mi marido. Esto se debe a que le veo de cerca y sé lo mucho que se esfuerza por ser un hombre íntegro y practicar en privado lo que predica en nuestra iglesia (y a los oyentes de *Walk in the Word* [Caminar en la Palabra]). Lo que escribe también es una extensión de lo que dice y de cómo vive.

Habiendo dicho esto, confieso que cierto miedo me invadió el corazón cuando las olas de la adversidad impactaron sin piedad contra las costas de nuestro hogar; y por primera vez en su vida, vi cómo derribaban a mi esposo. En todos nuestros años juntos nunca había visto a mi marido luchar así; formular las preguntas más difíciles, luchar con las cuestiones más profundas, decidir por sí solo si lo que había predicado durante tanto tiempo sería cierto para su vida, y si podría sustentarlo en los momentos más difíciles.

Sí, hablamos y oramos juntos, pero se trataba de *su* cáncer, *su* crisis en la Iglesia y *su* carga como cabeza de nuestro hogar. Durante meses le vi batallar y buscar algo sólido sobre lo que pudiera descansar su peso, levantándose así de la ciénaga del dolor y de la perplejidad en la que le había visto hundirse sin que yo pudiera hacer nada. Oré fervientemente para que nuestro Padre celestial llenara su alma de algo nuevo. Este libro es consecuencia de lo que descubrió. Su contenido ha alimentado a nuestra iglesia, y ruego a Dios que también dé fuerzas a su corazón en medio de las circunstancias en las que se encuentre. Pero antes de ser la roca para nadie, fue el cimiento sólido sobre el que se afirmó James.

Si usted ahora mismo anda buscando cierta estabilidad en medio de una tormenta enfurecida, en esta obra no encontrará teoría o respuestas místicas propias de una "torre de marfil". No, está a punto de emprender viaje por el sendero de un peregrino cansado y agobiado, y encontrar qué descubrió para seguir adelante en su recorrido.

Hoy día James es muy distinto debido a lo que ha escrito en *Cinco promesas de Dios para tiempos difíciles*. Siga sus pasos y descubrirá de nuevo, como lo hizo él, las cosas impresionantes que nos ha dado nuestro gran Dios por medio de sus promesas. Son sin duda extremadamente grandes y preciosas. Tómese su tiempo, haga su parte, lea todo el libro, porque si lo hace… si lo hace, su vida cambiará para siempre, como lo ha hecho la nuestra.

Kathy MacDonald
Octubre de 2010

*Como todas las cosas que pertenecen a la vida y a
la piedad nos han sido dadas por su divino poder,
mediante el conocimiento de aquel que nos llamó por
su gloria y excelencia, **por medio de las cuales nos
ha dado preciosas y grandísimas promesas**…*
(2 Pedro 1:3-4)

*¿Qué es una promesa?
Una promesa es la seguridad que Dios otorga a su
pueblo, de modo que puedan caminar por
fe mientras esperan que Él actúe.*

"PUEDE ESTAR SEGURO"

Hay realidades que nos golpean como un huracán. Uno clava tablas en las ventanas y se agacha intentando sobrevivir. No hace ejercicio ni piensa en la alimentación. No se le ocurre fortalecer sus relaciones personales. No piensa en sus inversiones ni en los siguientes pasos en su carrera profesional. No, solamente tiene la esperanza de que las maderas que clavó apresuradamente en las ventanas las protejan.

Lo único que desea es seguir vivo y volver a ver cómo brilla el sol, dentro o fuera de usted.

Los momentos como estos llegan sin avisar. A veces vamos transitando por la vida y nos va bien, superamos los altibajos de nuestras rutinas pero, de repente, surgido de no se sabe dónde (por cambiar de analogía), nos cae encima un meteorito que hace trizas nuestras vidas. Respirando con dificultad bajo ese peso súbito y aplastante, buscamos ayuda desesperadamente, porque quizá de otro modo no sobreviviríamos.

Así es como estaba mi vida cuando surgió el mensaje de este libro.

Durante más de dos años, mi esposa y yo nos vimos confinados en un crisol vivo de preguntas y sucesos. No lo habíamos visto venir y, una vez que estuvimos en aquel horno, nuestros recursos habituales para hallar consuelo resultaron totalmente inadecuados. Hubo momentos en que no supimos si íbamos a sobrevivir. Hubo semanas en las que me resultaba casi imposible ponerme delante de la familia que es nuestra iglesia y predicar otro mensaje. No sabía si iba a concluir mi ministerio y, algunos de esos días, me daba igual. Solo queríamos sobrevivir.

Más tarde aprendí las lecciones que se convirtieron en el libro *When Life is Hard* [Cuando la vida es dura]. Pero cuando la vida se complicó aún más, no necesité lecciones, ¡sino un salvavidas! *¿Qué* podemos predicar en un momento como ese? Puede estar seguro de que no recurrí a algunas verdades tópicas sobre el cristianismo trivial. No, descansando con firmeza en el Señor, pronuncié una serie de mensajes titulados "Siempre fiel: Cinco promesas preciosas y grandísimas". No fueron cinco charlas ligeras para transmitir un mensaje de esperanza transitorio. No, pusimos a prueba cinco grandes categorías de promesas contenidas en la Palabra de Dios. Son cinco promesas que Dios hace una y otra vez a todos los creyentes y en cada generación. Yo era como el hombre que lucha por una bocanada de aire, al que las olas han sumergido ya tres veces, y aquellas promesas fueron mi salvavidas. Gracias a ellas llegué a tierra firme… y usted también puede hacerlo.

Piense que esas cinco promesas son como un pase que le da acceso al tesoro más grande de las Escrituras. Estas promesas me han dado una esperanza tan increíble que sé que pueden hacer lo mismo por usted. Nos han dado una seguridad muy grande en medio de las aguas encrespadas, y también pueden impedir que usted se hunda. Cuando ninguna otra cosa tenga sentido, estas promesas literalmente serán la roca en la que puede afirmarse mientras espera los días mejores que sin duda LLEGARÁN.

Estoy seguro de esto, porque son promesas del propio Dios.

Cuando las necesite más que nunca, descubrirá que estas promesas son, como dicen las Escrituras, "preciosas y grandísimas", pero solo cuando haga descansar todo su peso sobre ellas. Merecen estar colgadas de la pared de su casa, con un marco rojo y tras un cristal, donde diga: "En caso de emergencia, rompa el cristal con el martillo". Cuando haga suyas estas verdades, se volverán tremendamente personales, increíblemente prácticas y profundamente confiables. ¡Y no dude que, periódicamente, tendrá que redescubrir de una forma profunda lo ciertas que son!

¿Siempre ciertas? ¿En serio? Sí, gracias por sacar el tema. La idea de la verdad absoluta, ¿hace que levante una ceja, con escepticismo? Solo en la Palabra de Dios puede hallar una afirmación que sea verdad invariablemente. Nadie más que Dios, y nada más que su Palabra, ofrece un "siempre" no negociable, incondicional. Si usted no está convencido o no tiene claro que la Biblia sea la Palabra de Dios, dele una oportunidad. Las Escrituras pueden resonar en su alma, y lo hará, y conmocionar hasta la última fibra de su ser, como nada más puede hacerlo. No espere a estar convencido de que la Biblia es la palabra de Dios: ábrala, dele ocasión de capturar su corazón con esperanza… ¡y lo hará! No importa lo que enfrente hoy, puede estar seguro de que estas promesas son ciertas para usted, ahora mismo. Aférrelas, aprécielas, créalas, y espere que Dios las haga realidad. Yo he aceptado y probado las promesas de Dios, y usted también puede hacerlo.

¡Son siempre ciertas!

En Cristo, quien "habló y fue hecho",

James MacDonald
Otoño de 2010
Chicago, Illinois

EMPECEMOS...

Ahora estoy sentado en mi despacho, escuchando una canción que solía hacerme llorar, y pienso en usted.

Recuerdo con claridad meridiana cómo fue no tener *nada* excepto las promesas de Dios. Cuando empecé a estudiar las Escrituras en busca de promesas, lo hice con manos temblorosas y un corazón desesperado. Tenía que saber lo que sucedería en medio de unos días increíblemente tenebrosos. Sabía que podría hallar mi camino hacia la luz si supiera que Dios tenía alguna esperanza para mí que me acompañase hasta el final del camino. En eso consisten las promesas de Dios, y deseo que usted las encuentre de una manera más rápida y sencilla de lo que tuve que hacerlo yo. Piense un momento en esto... *Dios ha hecho algunas promesas...*

El mero concepto de que Dios se comprometa a hacer una cosa es increíble. No tiene por qué atarse a nosotros de ninguna manera. Es Dios, alguien que está totalmente por encima y más allá de nosotros. Como parte de su creación, no estamos en posición de obligarle a hacer nada; no nos debe nada. Antes de adentrarnos en este estudio, debemos hacer una pausa y reflexionar sobre esta afirmación tan inconcebible: Dios nos promete claramente hacer ciertas cosas... por nosotros. De hecho, dadas determinadas circunstancias, ¡Dios nos ha dicho ya lo que va a hacer! *Es increíble.* 2 Pedro 1:4 dice: "por medio de las cuales nos ha dado preciosas y grandísimas promesas". Dios ha puesto por escrito algunas promesas firmes, y dice que son "preciosas y grandísimas". ¡Me encanta esto! Vamos a analizarlo un poco…

¡Lo prometo!

Ya no podemos engañar a nuestros hijos el Día de los Inocentes. Después de años y años de gastarles bromas y todo tipo de inocentadas a las que Kathy y yo les hemos sometido, ya se las conocen todas. ¡Incluso tenemos que estar muy alerta no vaya a ser que contraataquen!

Un año entramos corriendo en su habitación a las seis de la mañana gritando: "¡Arriba! ¡Que llegamos tarde al colegio!". Habíamos adelantado la hora de todos los relojes de la casa. Nuestros hijos bajaron bostezando las escaleras, medio dormidos. Los metimos en el coche y cruzamos la ciudad a toda prisa… para llegar al aparcamiento de la escuela, que estaba desierto. Kathy y yo gritamos "¡Inocentes!", y nos los llevamos a desayunar. Pero la época de engañar a nuestros hijos el 1 de abril ya es historia. Se lo ven venir con semanas de antelación.

Sin embargo, una de las desventajas de engañarlos es que, cuando quería decirles algo muy serio, dudaban si debían o no creerme, preguntándose si no les estaríamos gastando otra broma. Tuvimos que establecer una norma indestructible: cuando les decía "Lo prometo", podían confiar en mí por completo, sin asomo de duda.

Aunque no pude cumplir el contenido de esas palabras en todos los casos, ellos saben hasta día de hoy que cuando papá dice "Lo prometo" lo dice muy, pero que muy en serio, y hará todo lo que esté en sus manos para cumplir lo que ha dicho.

Por supuesto, el problema estriba en que somos humanos. Nos decepcionamos unos a otros constantemente; incluso a las personas a quienes amamos, aunque no sea esa nuestra intención. Nuestras mejores intenciones a veces salen mal.

Y ahí es donde somos tan diferentes de Dios. Cuando Dios dice "Lo prometo", lo cumple, porque puede, y nada obstaculizará ni demorará su intención de hacer exactamente lo que ha prometido. No lo olvida ni se despista… No puede mentir ni tampoco fracasar. Dios siempre es fiel, ¡todas y cada una de las veces! Cuando se compromete a algo, lo cumple. Cuando da su palabra, ya está hecho.

La promesa y quien promete

Una definición general de una promesa es "una declaración de lo que hará una persona". Normalmente, una promesa conlleva una consecuencia positiva, confiable. Si existe una promesa, creemos que pasará algo bueno. Si se cierne en el ambiente algo negativo, lo llamamos "amenaza". Si bien Dios formula amenazas sobre las consecuencias de la mala conducta, esas no son promesas, sino un tema que requiere otro tipo de libro.

Lo que Dios entiende, y nosotros debemos comprender también, es que el carácter de quien promete es la garantía de toda promesa. El presidente de la junta de ancianos de nuestra iglesia, que lleva muchos años en ella, me enseñó que Dios honra a quien "jura en daño suyo" (Sal. 15:4). Siempre que teníamos la espalda contra la pared, y sobre todo cuando nuestra iglesia era pequeña y cada decisión era crítica, él insistió en que nuestra primera acción debía ser siempre cumplir nuestra palabra, y hacer lo que habíamos prometido, incluso cuando las consecuencias fueran negativas para nosotros.

Si damos nuestra palabra, tenemos que cumplirla. Y no podremos apreciar el modo en que el Señor valora su relación con nosotros hasta que nos demos cuenta de lo increíblemente comprometido que está nuestro Dios para cumplir las promesas que nos ha hecho. ¿Cómo no podría sobrecogernos la importancia de Romanos 8:32: "El que no escatimó ni a su propio Hijo, sino que lo entregó por todos nosotros, ¿cómo no nos dará también con él todas las cosas?". Habiendo dado tanto, sin duda Dios nunca dejará de hacer ni se negará a completar las cosas más pequeñas que empezó a hacer por nosotros en Cristo.

Aferrados a las promesas de Dios

El modo en que nos relacionamos con Dios está determinado, en gran medida, por lo que hacemos con sus promesas. Lo único que se interpone entre usted y lo que Él ha prometido es un lapso de tiempo. Este libro habla de aprender a vivir hoy en la realidad de lo que Dios nos ha prometido que será nuestro futuro. Incluso cuando sea difícil aceptarlo, las promesas de Dios nunca cambian. Nada puede cambiar la intención de Dios. Tenga en cuenta que Dios incluso comprende el reto que supone para nosotros apoyarnos en sus promesas: "Él conoce nuestra condición; se acuerda de que somos polvo" (Sal. 103:14). Dios no nos ha dejado ignorantes de lo que sucederá, ni enfrentados a un futuro incierto, ni aplastados por el temor. Nos hace promesas para que podamos pasar esas largas noches y los días complicados de la *espera*.

Le pide que usted se fíe de sus promesas sobre un resultado ya determinado, para superar las épocas oscuras cuando la vida resulta difícil.

Entre tanto…

Por supuesto, el momento más difícil para seguir confiando es el que media entre creer en Su promesa y recibir el cumplimiento de esta. La vida cristiana sería sencilla si hubiera poco tiempo entre el momento en que usted *apela* a las promesas de Dios y aquel otro en que las *recibe*. Si hoy pudiera invocar la promesa de Dios y recibir el resultado mañana, ¡vaya! ¿No sería estupendo? Olvídese de las promesas "comida rápida", porque no es así como actúa Dios.

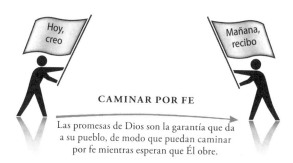

CAMINAR POR FE

Las promesas de Dios son la garantía que da
a su pueblo, de modo que puedan caminar
por fe mientras esperan que Él obre.

Hoy creo, mañana (o en algún momento del futuro) recibo. En esa distancia entre hoy y mañana hacemos lo que se llama "caminar por fe". La parte difícil es esperar entre la promesa y la respuesta; e incluso es más complicado cuando la espera va acompañada de más problemas y contratiempos.

¿Adónde lleva este rumbo? ¿Dónde voy a acabar? ¿Cómo será mi futuro? Las cosas no mejoran… ¡están empeorando!

La verdad es que no sabemos cómo se desarrollarán las cosas, y lo que nos hace trizas es el "no saber". Dudamos porque no sabemos. Nos preocupamos y nos desesperamos porque no vemos el resultado final. Titubeamos y a veces fracasamos, y todo porque no podemos soportar la ignorancia. Si solo pudiéramos ver con seguridad cómo acabará esta prueba, estaríamos tranquilos. Pero no lo sabemos o no podemos saberlo. Por tanto, la espera nos angustia.

Puedo soportar un día malo. Puedo tolerar un mes malo. Incluso puedo aguantar un año patético o una década espantosa, si no hay más remedio, siempre que sepa cómo acabará todo. Pero unos pocos minutos de ignorar por completo puede ponerme al borde del abismo. Puede que usted se enfrente ahora mismo a una crisis de salud. O quizá tenga una carga en su matrimonio, o sienta incertidumbre respecto a un hijo. Para otra persona, eso es una inquietud que usted lleva en el alma. Tiene la mente llena de incógnitas. *¿Qué me espera? ¿Qué me pasará a mí y a los que amo? ¿Cómo voy a salir de esta situación? ¿Voy a perder el control? ¿Podré soportar las circunstancias? ¿Volveremos a estar bien alguna vez?*

Nuestra primera respuesta: *la espera*

Aquí estoy ahora, sujetando firmemente con ambas manos las promesas de Dios mientras espero que actúe. No podría avanzar un solo día más si no creyera lo que Él me ha dicho. Estoy anclado a un pensamiento: Dios lo dice así. Por ahora, eso tendrá que bastarme.

Tanto si es consciente como si no, usted y yo estamos en el mismo barco. Así que esto es lo que debemos hacer: repasar constantemente sus promesas. Debemos recordar que nuestra fe está en Dios, que nunca ha dejado de hacer lo que ha dicho. Sabe lo que ha prometido, no puede mentir ni tampoco olvidar. Siempre cumplirá a su debido tiempo lo que ha prometido. ¿Quién más hace promesas así? Las promesas son grandes, los resultados son seguros; lo único que falta es esperar el momento que Dios decida.

Una vez más, hoy mi fe descansa por entero en lo que Dios ha dicho que hará.

Dios se compadece de nosotros por nuestro sufrimiento al no saber, por lo cual inventó su concepto de la promesa. Es como si nos dijera: *No voy a dejarles sin pistas. No voy a permitir que se pregunten qué haré. No quiero que les domine el miedo. Por tanto, les haré una serie de promesas a las que puedan aferrarse durante las épocas malas. No tienen que basar su forma de entender la vida en lo que ven sus ojos. Su felicidad no debe descansar sobre lo que pasa justo delante de ustedes. No están prisioneros de las palabras necias que algunos les meten en la cabeza, y que saben que no son ciertas. Aférrense a las cosas que les digo. Lo que vieron claramente a la luz no ha cambiado solo porque el valle esté oscuro.* Mientras esperamos, Dios nos da sus promesas para que nos sostengamos.

Las promesas de Dios son grandes

Volvamos a leer 2 Pedro 1:4: "por medio de las cuales nos ha dado preciosas y grandísimas promesas". ¿Por qué son grandes?

1. Las promesas de Dios son grandes porque... proceden de un Dios grande. Las promesas son grandísimas debido a quién las hizo. ¿Creería usted a su hijo de cuatro años si le dijera, imitando la voz de un adulto lo mejor que sabe, "Te prometo que ganaré dinero suficiente como para poner comida en la mesa durante todo el mes que viene"? La veracidad de una promesa está ligada a aquel que suscribe el compromiso, y a su capacidad de cumplirla.

El Salmo 145:3 dice: "Grande es Jehová... su grandeza es inescrutable". Más vale que lo admitamos: no tenemos ni idea de lo grande que es Dios, porque nadie puede descubrir la profundidad de su grandeza. Solo mediante sus promesas podemos explorar y experimentar lo grande que es realmente.

Me encanta Jeremías 32:37: "He aquí que yo soy Jehová... ¿habrá algo que sea difícil para mí?". A veces, en esta vida, observamos nuestra necesidad o las circunstancias que nos amenazan y nos sentimos vencidos antes de empezar. Pero Dios pregunta: *¿Qué es exactamente lo que piensas que no puedo controlar?* A lo que tendríamos que responder: *Nada es demasiado difícil para ti, Señor.* ¿Le ofrece esto valor y esperanza? A mí, sí. Aferrarnos a las promesas de Dios es lo más cerca que podemos estar de aferrarnos a su Persona.

2. Las promesas de Dios son grandes porque... abordan temas cruciales. No busque en la Biblia afirmaciones tontas sobre las cosas superficiales. Dios no actúa así. Las promesas que hace hablan de cosas grandes: el miedo, los factores desconocidos que podrían paralizarnos al pensar en el futuro, nuestra familia y nuestra economía. Si su dios no puede prometerle nada mejor que un buen lugar donde aparcar o la última porción de pizza que hay en la caja, lo único que puedo decirle es que ¡tiene un dios demasiado pequeño!

Las promesas de Dios responden a nuestras dudas más profundas: *¿Saldré adelante? ¿Qué va a sucederme en el futuro? ¿Dónde acabarán las personas a las que amo?* Dios hace promesas sobre este tipo de incertidumbres, de modo que no tengamos que dudar ni preocuparnos.

Las promesas de Dios son el antídoto para la desesperación. La desesperación consiste en la peor situación posible. La esperanza se pierde: *Me da igual. No cambiará nada. Siempre será así. En el fondo, ya nada importa.* Estoy seguro de que alguien que lea esto estará al borde de la desesperación. Sin duda, yo mismo lo he estado en ocasiones pasadas. Este es el momento para aprender de aquellos que han navegado con éxito por esas aguas oscuras y agitadas.

David dijo: "Hubiera yo desmayado, si no creyese que veré la bondad de Jehová en la tierra de los vivientes" (Sal. 27:13). *No tendré que esperar hasta llegar al cielo algún día… Veré la bondad de Dios aquí mismo, en este mundo, con mis propios ojos.* David dijo: "Si no creyera eso, habría desesperado". Ese es el tipo de material con el que se elaboran las promesas divinas.

Las promesas de Dios son grandes porque vienen de un Dios grande, y porque tocan temas muy importantes.

Las promesas de Dios son grandísimas

Las promesas de Dios no son solo grandes, sino *grandísimas*, más grandes que cualquier otra cosa:

- *Las promesas de Dios son más grandes que la sabiduría humana.* La gente le llenará los oídos de todo tipo de parloteos vacíos. Proverbios 18:2 dice: "No toma placer el necio en la inteligencia, sino en que su corazón se descubra". Pero escuche esto: Dios ha hablado, y ha hecho algunas promesas que superan con creces la necedad de lo que a menudo dice la gente cuando estamos pasando un mal momento.

- *Las promesas de Dios son más grandes que la obediencia ciega.* ¿Se ha enfrentado alguna vez a un problema tan grande que le diera la sensación de que lo único que podía hacer era aguantar? *Voy a superarlo. Pasaré un par de hojas del calendario y esperaré que esto pase.* En lugar de hacerle soportar la prueba como si fuera una maratón inacabable, las promesas de Dios ofrecen fuerza y paz. No se limite a superar su prueba: cabalgue sobre ella con las promesas de Dios.

- *Las promesas de Dios son más grandes que revolcarse en la autocompasión.* Muchas personas se ven golpeadas por una ola de dificultades, seguida de un tsunami que las derriba como un aluvión. Muy bien, aguante durante un día, pero luego salga a la superficie, agárrese a las promesas de Dios y cabalgue sobre la espuma hasta llegar a la playa. Dios honrará su fe. No permitirá que se ahogue.

Las promesas de Dios, grandísimas y preciosas, son su máxima posesión:

- No hay nada con lo que se les pueda comparar ni remotamente.
- Le conducirán en medio de la noche más oscura.
- Le respaldarán durante el día más largo.
- Le acompañarán en el valle más profundo.

Las promesas de Dios son preciosas

Las Escrituras dicen que sus promesas son "*preciosas* y grandísimas". "Preciosas" no es una palabra que se use en la escuela infantil. Nunca oirá a un niño de cinco años que la use. Cuando somos pequeños, no sabemos lo que es valioso. Pensamos que lo *rápido*, lo *divertido* o lo *fácil* es todo un lujo. Pero a medida que crecemos, nos damos cuenta cada vez más de que lo *precioso* es mejor. El adjetivo *precioso* tiene un peso que connota valor.

El apóstol Pedro es tristemente famoso por su conducta impulsiva. En los Evangelios, era rápido, necio y fluctuante, más calor que luz en aquellos primeros días. Cuando volvemos a encontrarlo, 35 años después, en 2 Pedro, se ha vuelto más sosegado, prudente y silencioso. Sus escritos manifiestan una sabiduría adquirida con el tiempo. A esas alturas ya sabía qué era precioso. Solo un par de semanas después de que Pedro escribiera esta última epístola, entregó su vida por Jesucristo. La historia de la Iglesia registra con gran fidelidad que Pedro no se sintió digno de morir de la misma manera que Jesús, de modo que sus ejecutores le concedieron una última petición, y le crucificaron boca abajo.

Pedro aprendió mucho sobre lo que tiene más valor en este mundo y en nuestra fe. Escribió sobre "la sangre preciosa de Cristo" (1 P. 1:19), y describió nuestra fe como preciosa (1 P. 1:7). Llamó a los creyentes "piedras preciosas" (1 P. 2:4). Se refirió a Jesús como la piedra del ángulo, escogida y preciosa (1 P. 2:6), y nos habla de las promesas preciosas de Dios (2 P. 1:4).

"Precioso" es un tesoro para quienes no tienen prisa. Hace falta tiempo y atención para llegar al punto en que nos damos cuenta de lo que es realmente precioso.

Lo que es precioso también requiere una prueba: para usted, algo no es precioso hasta que se lo haya demostrado a sí mismo. Tengo que admitir que cuando escucho la palabra "precioso" a veces pienso en Gollum, el personaje de las películas de *El Señor de los Anillos*, que siempre graznaba: "Mi precioso, mi tesoro". Incluso en esa épica fantástica, aquella pequeña criatura rastrera creía que el anillo tenía poder, y que podía alterar para bien el curso de su vida. La consecuencia es que, para usted, algo es precioso cuando entiende que puede hacer por usted algo que ninguna otra cosa puede hacer.

Cuando Pedro definió las promesas de Dios como "preciosas", fundamentó su descripción en su experiencia personal. Había descubierto de primera mano que aferrarse a lo que Dios ha dicho es el mejor sistema para avanzar.

Memorizar las promesas

Cuando Kathy y yo estudiábamos en la universidad, memorizamos muchos versículos, incluyendo unas cuantas promesas bíblicas maravillosas. Me alegro de tenerlas en mi mente, pero sinceramente, no se volvieron preciosas para mí hasta muchos años después, cuando tuve que descansar sobre ellas todo el peso de mi vida. Cuando las promesas de Dios le sostienen, le fortalecen y le sustentan, se vuelven preciosas. Las atesora debido al tiempo; son preciosas porque demostraron serlo. He gustado y he descubierto que el Señor es bueno (Sal. 34:8). No lo sé solo intelectualmente; lo he experimentado en mi vida. Él me ha sostenido. He visto la fidelidad de Dios. Sus promesas hacen por nosotros lo que nada más podría hacer. Desatan nudos que ninguna otra cosa puede desatar. Nos permiten escalar los obstáculos de la vida con la confianza de *Dios lo ha dicho*.

Así que vamos a descubrirlas.

Si usted y yo nos hemos encontrado antes en la Palabra de Dios, sabrá que mi forma habitual de estudiar las Escrituras es libro a libro, capítulo a capítulo y versículo a versículo. Pero este es un estudio temático. Para encontrar las grandísimas y preciosas promesas de la Palabra de Dios (y créame, son unas promesas increíbles), tiene que estar listo para pasar algunas páginas de la Biblia. Estas promesas son como diamantes ocultos en una montaña de oro. Todas las Escrituras son oro, pero en medio de ellas hallamos estas gemas preciosas, estas promesas.

Le pido que tenga su Biblia abierta mientras va leyendo. Encuentre los versículos a los que haré referencia y subráyelos en su Biblia. Se nos van a cansar un poco los dedos, pero da lo mismo: excavaremos los mayores tesoros del universo. Téngalos a mano para las emergencias. Y, ya de buen comienzo, aprópiese de esas promesas. En cuanto vea que una se aplica a una circunstancia de su vida, reclámela, descanse en ella y empiece a esperar atentamente que Dios cumpla su palabra.

Tres ayudas adicionales para personalizar este estudio:

Teología de una promesa

Una de mis partes favoritas de este estudio es la sección que precede a cada uno de los cinco capítulos sobre las promesas. Allí nos centraremos en una verdad sobre cómo funciona todo este asunto de las promesas. La "teología de una promesa" nos ofrecerá una nueva definición para que usted haga descansar su vida en las promesas de Dios. Lo que crea sobre Dios es lo más importante de su vida. Por lo tanto, antes de analizar cada promesa, echaremos una mirada renovada a quien promete, y por qué ha elegido relacionarse con nosotros por medio de promesas.

Mi mayor deseo para usted es que, a medida que lea este libro, su confianza y su fe en el Señor Dios sean cada vez más fuertes y más profundas. Ruego a Dios que usted le ame más apasionadamente como resultado de lo que descubre sobre Su carácter; que confíe en Él más rápidamente, cuando su fe se vea estimulada por la fidelidad divina sobre lo que Él ha prometido; y le desee con más vehemencia cuando empiece a experimentar el poder que supone permanecer en sus promesas.

Todo esto puede suceder gracias a su conocimiento y su fe crecientes en el propio Dios. No nos limitamos a buscar los dones de su mano, sino que nuestro máximo objetivo es conocer, amar y confiar cada vez más en el Dador, el Dios que escribió esas promesas para nosotros.

Guárdelo en su corazón

Al final de cada capítulo puede tomar nuestra definición de una promesa, sacarla del libro y ponerla en marcha en su vida. Le animo a reflexionar sobre esas preguntas. Medítelas para ver cómo afectan a su vida. ¿Puedo pedirle que comparta sus pensamientos al menos con una persona? Este paso puede marcar la gran diferencia en el modo en que impactará en su vida este estudio de la Palabra de Dios. Llame a un amigo y comenten juntos estas *Cinco promesas*. Sus conversaciones sobre lo que leen y el modo en que se aplica a sus vidas pueden ser lo más importante que le suceda mientras avanza por este libro.

Las promesas de Dios son una seguridad que Él da a su pueblo, de modo que puedan caminar por fe mientras esperan que Él actúe.

Apréndalo de memoria

Antes de que acabemos, quiero que aprenda de memoria las cinco grandísimas y preciosas promesas de Dios. Puede que ya sepa de memoria algunos de estos versículos. Si ya tiene algunos memorizados, sabrá que esta inversión arroja enormes dividendos. Aprenda un versículo a la vez. Escríbalo en una tarjeta o en una nota adhesiva y léalo en voz alta, una y otra vez, cinco o seis veces cada día. Una vez lo recuerde, repáselo un par de veces por semana ¡y ya lo tendrá! Le garantizo que no lamentará abordar este reto con un entusiasta "¡Voy a hacerlo!".

Creo todo lo que las Escrituras dicen de sí mismas, y quiero que usted experimente y comparta también esa confianza. Las Escrituras se describen como leche (1 P. 2:2), alimentos sólidos (He. 5:12-14), luz (Sal. 119:105) y nutrición para su alma. En ella encuentra advertencias de lo que podría dañarle, y descubre que estudiar la Palabra tiene una gran recompensa (Sal. 19:11). Ruego a Dios que, mucho después de que olvide las cosas concretas que aprendió en este libro, aún recuerde que *la Palabra de Dios es real.* Proviene del propio Dios. Transforma la vida. Ignorarla es morirse de hambre, pero estudiarla es alimentarse y hacer que su alma esté sana. "Así que la fe es por el oír, y el oír, por la palabra de Dios" (Ro. 10:17). Cuanto más crea usted que la Palabra de Dios es vida y veraz, más crecerá su fe en el Señor.

La Palabra de Dios siempre es cierta; créalo.

Oremos por nuestro viaje a sus promesas

Te damos las gracias de antemano, Señor, por lo que grabarás en nuestros corazones acerca de tu Persona y de tus promesas en estas páginas. Nos comprometemos de nuevo a creer tu Palabra y a escuchar a tu Espíritu. Nuestras vidas no pueden ser las mismas una vez hayamos asimilado tu presencia y tus promesas. Separados de ti, nada podemos hacer.

Permanece en nosotros, Señor.
   En el poder del nombre de Jesús, amén.

TEOLOGÍA DE UNA PROMESA
Por naturaleza, Dios promete.

Una verdad importante sobre Dios que usted debe atesorar en su corazón es que Dios promete cosas, y que su naturaleza estriba en cumplir sus promesas. No leerá mucho rato las Escrituras sin ver esta verdad revelada a lo largo de la historia. Él prometió:

- que un descendiente de Eva aplastaría a la serpiente (Gn. 3).
- a Noé, que nunca volvería a destruir el mundo con un diluvio (Gn. 9).
- una descendencia innumerable a Abraham (Gn. 12).
- librar al pueblo israelita de la esclavitud en Egipto (Éx. 6).
- bendiciones al pueblo de Israel por cumplir la ley, y maldiciones por desobedecerla (Dt. 28).
- victoria a Josué sobre los cananeos (Jos. 1).
- un trono eterno a los descendientes de David (2 S. 7).

Y esto es solo una muestra. La Biblia desborda con las promesas que Dios ha hecho. En el Antiguo Testamento, se promete la venida del Mesías; en el Nuevo, hace acto de presencia, ¡y luego promete regresar! Toda la comunicación entre Dios y nosotros puede resumirse con las palabras "Lo prometo".

La persistencia del compromiso que establece Dios también es cierta para usted, personalmente. ¿Recuerda las dos banderas? Dios nos da promesas para que podamos caminar por fe entre las banderas del "Hoy creo" y del "Mañana recibo". Hebreos 6:17-18 nos da una prueba del objetivo que tiene Dios al hacernos estas promesas: para que nos animen firmemente a seguir adelante.

"Por lo cual, queriendo Dios mostrar más abundantemente a los herederos de la promesa la inmutabilidad de su consejo, interpuso juramento; para que por dos cosas inmutables, en las cuales es imposible que Dios mienta, tengamos un fortísimo consuelo los que hemos acudido para asirnos de la esperanza puesta delante de nosotros."

Busque evidencias del carácter de Dios en estos versículos.

Me anonada el hecho de que Dios nos promete algo. Lo que es más, se ha comprometido a ayudarle a ver sus promesas, porque sabe que eso le dotará de fuerzas. Insiste en querer "mostrar más abundantemente". Quiere que usted asimile "el carácter inmutable de su consejo". Quiere que usted esté confiado y firme en lo que cree sobre Él. Dios no quiere que usted titubee o se tambalee por la vida, dudando o vacilando en su fe. Lo que le dice es: *Aférrate a la vida con convicción. ¡Quiero que estés seguro del todo hasta el final! No te rindas, no retrocedas, no te calles. ¡No abandones! Haz todo el camino conmigo, ¿de acuerdo?*

Dios quiere que esté tan familiarizado con Su carácter y viva tan confiado en su fe, que pueda decir: "Sé lo que hará Dios. No sé cuándo o cómo, pero me ha hecho unas promesas, y puedo caminar por fe hasta que las cumpla".

Hebreos 6:11 nos muestra la visión panorámica del poder que tienen las promesas divinas: "Deseamos, sin embargo, que cada uno de ustedes siga mostrando ese mismo empeño hasta la realización final y completa de su esperanza" (NVI). Dios no quiere que nadie renuncie. No quiere perder a ninguno de nosotros. Quiere que nuestro llamamiento sea firme, y que trabajemos en nuestra salvación con temor y temblor (véase Fil. 2:12). Dios pone promesas en nuestras manos para que podamos demostrar claramente la realidad de nuestra conversión a Cristo. Hebreos 6:12 sigue diciendo: "No sean perezosos; más bien, imiten a quienes por su fe y paciencia heredan las promesas" (NVI). Dios nos da promesas en las que podemos afianzarnos durante todo nuestro camino.

¿Confía en el Señor con todo su corazón? Entonces Él desea que tengan "un fortísimo consuelo los que hemos acudido para asirnos de la esperanza puesta delante de nosotros" (He. 6:18b). Esta actitud de Dios me encanta: nos dice que, al ser hijos suyos, somos llamados "los herederos de la promesa" o, como diría yo: "Es usted un hijo de Dios, un hijo de la promesa". Toda su identidad está vinculada a las promesas que Él le ha hecho.

¿No es hora de vivir en consonancia?

La vida cristiana incluye caminar por fe desde el primer día de su máximo problema hasta el día final en que Él revelará su solución asombrosa.

Las grandísimas y preciosas promesas que estamos a punto de aceptar nos las ha dado Dios, el gran Dios que promete.

Puede descansar todo su peso en las promesas de Dios, y Él le sustentará.

Le sustentará en las épocas de prueba.

Caminará con usted por los senderos cotidianos.

Él dice: "Yo soy Dios, y mi reputación está en juego al prometer que 'Nunca te dejaré ni te desampararé'".

La promesa de que Dios estará siempre con usted es nada menos que increíble.

DIOS ESTÁ SIEMPRE CONMIGO
(No temeré)

*Y Jehová va delante de ti; él estará contigo,
no te dejará, ni te desamparará; no temas
ni te intimides.* Deuteronomio 31:8

Antes de que podamos alegrarnos por la curación de una enfermedad, debemos sentir el dolor y reconocer cuál será el resultado de ese trastorno si no le aplicamos una cura. De igual manera, antes de que podamos aceptar plenamente el deleite que son las promesas de Dios, primero debemos sufrir la desesperación de nuestra situación. Solo podremos asimilar lo tremendamente grandes y preciosas que son las promesas de Dios cuando nos demos cuenta de lo mucho que las necesitamos.

La Biblia admite que uno de nuestros mayores problemas es el miedo. Podemos disfrazar el miedo con todo tipo de cosas, o bien esconderlo. Pero nunca está muy lejos de ninguno de nosotros. Algunas personas se asustan hasta de su sombra, y algunos reconocen que sus temores *son* su sombra.

Las muchas caras del temor

Durante unos instantes, hablemos de las cosas que tememos. Una palabra lo dice todo: tememos el *futuro*. Nadie tiene miedo al pasado. El pasado genera otros problemas, como el arrepentimiento y diversas consecuencias. Y no hay nadie que esté realmente asustado del presente, pero no lo tememos porque lo conocemos. Tememos *ahora* qué pasará *luego*. "Tengo algo por delante, y no me gusta nada". El miedo es tan preciso y tan fiable como la previsión del tiempo local, pero ambos parecen especializarse en poner frenética a la gente.

La pérdida, el sufrimiento ¡y muchas cosas más!

Cuando pensamos en el futuro, tememos la pérdida y el sufrimiento. Tenemos miedo de perder a personas. *¿Me amará siempre mi esposo? ¿Durará esta amistad tan valiosa? ¿Caminarán mis hijos con el Señor, o se apartarán de Él?*

Tenemos miedo de perder nuestros bienes. *Apenas logro llegar a fin de mes; ¿podré conservar mi casa? ¿Tendré suficiente para vivir? ¿Habrá dinero para que mis hijos estudien en la universidad?*

Tememos perder nuestra posición social. *He trabajado mucho, y ahora tengo una oportunidad. ¿La tendré siempre o la perderé? Tengo deudas. ¿Lo descubrirá alguien?*

Tememos el dolor físico; los exámenes y manipulaciones del médico; el sufrimiento que supone el dolor crónico debido a una enfermedad que no se cura.

Incluso más, le tenemos miedo al dolor emocional. *Mi amigo ha encontrado a otro, a mis hijos no les importa nada, mi pareja se está distanciando de mí.*

Tememos el sufrimiento personal. *No estoy a gusto conmigo mismo. Podría haber, debería haber, habría hecho, no hice, no soy. Fallé.* El miedo casi siempre tiene que ver con algo futuro que nos asusta.

Si quiere disponer de una lectura alegre antes de acostarse, busque la palabra *miedo* en Internet. Encontrará miles de fobias documentadas; es un término antiguo que empleamos para clarificar lo que impide a una persona enfrentarse a situaciones concretas. Una búsqueda rápida nos ofrece las siguientes:

Acrofobia: miedo a las alturas

Acuafobia: miedo al agua

Agorafobia: miedo a los lugares abiertos o públicos

Antropofobia: miedo a las personas

Astrofobia: miedo al trueno y al rayo

Parece ser que si tomamos cualquier término griego y le añadimos el sufijo *fobia*, ¡hemos nombrado un miedo nuevo! Y esos son solamente los que comienzan por la A; echemos un vistazo rápido al resto del alfabeto:

Batmofobia: miedo a las escaleras o a los lugares empinados

Claustrofobia: miedo a los lugares cerrados

Nictofobia: miedo a la oscuridad

Numerofobia: miedo a los números

Pirofobia: miedo al fuego

Zoofobia: miedo a los animales

Me estoy aburriendo… ¿y usted? La gente se asusta de un montón de cosas, y es divertido hasta que llegamos a esa que hace que se nos forme un nudo en el estómago.

Admitamos que el miedo es un problema universal. Nos golpea como una ola, amenazando con tragarnos en su reflujo. Las Escrituras identifican la emoción aplastante del miedo casi mil veces.

Echemos un vistazo a algunos de esos pasajes bíblicos:

- Abraham temió la ausencia de un heredero varón. Dios le dijo en Génesis 15:1: "No temas… yo soy tu escudo, y tu galardón será sobremanera grande".
- Agar tuvo miedo de ver morir a Ismael. Dios le dijo en Génesis 21:17: "¿Qué tienes, Agar? No temas; porque Dios ha oído la voz del muchacho en donde está".
- Los israelitas estaban aterrorizados al ver que los egipcios, con deseos homicidas, les atacaban desde

la retaguardia mientras se enfrentaban a la barrera del Mar Rojo. No había escapatoria. Justo en medio de una situación aparentemente irresoluble, Moisés les dijo: "No tengan miedo… Mantengan sus posiciones, que hoy mismo serán testigos de la salvación que el SEÑOR realizará en favor de ustedes" (Éx. 14:13, NVI).

- David tuvo miedo por su vida en numerosas ocasiones, pero escribió estas palabras en el Salmo 23:4: "Aunque ande en valle de sombra de muerte, no temeré mal alguno, porque tú estarás conmigo".

- Salomón dudaba mucho de su capacidad de seguir los pasos de su padre al gobernar a su pueblo, pero David le dijo: "Anímate y esfuérzate, y manos a la obra; no temas, ni desmayes, porque Jehová Dios, mi Dios, estará contigo; él no te dejará ni te desamparará, hasta que acabes toda la obra para el servicio de la casa de Jehová" (1 Cr. 28:20).

- Jeremías tenía miedo de decir al pueblo algo que no querían escuchar. Dios le dijo en Jeremías 1:8: "No temas delante de ellos, porque contigo estoy para librarte".

Muchas de esas personas de la Biblia a las que consideramos héroes compartieron los mismos temores que nos resultan tan familiares.

El miedo es un problema universal

Todos conocemos el miedo en una u otra de sus formas. Es una emoción primaria, instintiva para nuestra naturaleza humana, como la tristeza o la ira. Usted ni siquiera se dice "Bueno, creo que ahora necesito asustarme". No tiene que planearlo: simplemente le sucede.

Por supuesto, el problema no es cuando el miedo nos hace una visita. El problema es cuando abrimos la puerta delantera y le invitamos a entrar. *¡Miedo! ¡Bienvenido de vuelta! Te estaba esperando. ¡Está lista tu habitación, la del fondo del pasillo! No, insisto… ¡el mejor dormitorio es para ti! ¡Mi casa es tu casa!* Cuando usted recibe al miedo en su mente, su corazón y su vida y lo agasaja como a un amigo, eso supone un problema. Aunque no puede impedir que el miedo le visite, puede cerrarle la puerta en las narices. Teniendo en la mano las promesas de Dios, eso es exactamente lo que tiene la capacidad de hacer.

El miedo entre las emociones

Algunas respuestas emocionales tienen su razón de ser. Pensemos en la ira. Uno puede enfurecerse frente a la injusticia. Ese tipo de ira justa es positiva; impulsa a hacer algo positivo. Ese es exactamente el tipo de ira que inflamó a Jesús cuando caminaba por los atrios del templo, volcando las mesas de los cambistas y limpiando la casa de su Padre (véase Mt. 21:12-13).

La tristeza también es aceptable en determinadas épocas. Cuando muere un ser querido o padecemos una pérdida importante, necesitamos tiempo para asumirlo. Existe un ajuste saludable y necesario a la ausencia repentina de alguien o algo importante. Pero la tristeza puede quedarse en casa demasiado tiempo, y al final hay que echarla. Aun así, la tristeza tiene un propósito; el miedo nunca lo tiene. Incluso la duda tiene su lugar. No es un error ni es perjudicial dudar en ocasiones. Puede dudar de una decisión o de una opinión. Puede dudar de un camino por el que se ha puesto a caminar. No siempre está mal dudar, pero siempre es un error tener miedo.

Algunos pecados le agarran y le aprisionan. El miedo hace lo mismo. El temor le encadena en un cuarto pequeño y oscuro, y le clava sus garras gélidas en el alma. El terror es difícil de expulsar. Una vez le ha concedido un lugar en su corazón, se convierte en una droga adictiva sin la que no puede vivir.

Por qué el miedo no está bien

El miedo expresa lo opuesto a todo lo que debe ser el cristianismo. El miedo es la contradicción de la fe. La fe dice: "Pase lo que pase, todo irá bien gracias a Dios". El miedo dice *No va a ir bien*, y no piensa mucho en Dios.

El miedo es el estado anti-Dios absoluto. Pocas veces parece estar Dios más lejos de usted que cuando su corazón está lleno de temor. El miedo consiste en apoyarse totalmente en sus propios recursos, y darse cuenta de repente que no son suficientes para sostenerle. El miedo no tiene lugar en la vida del cristiano. Una respuesta de temor, como una reacción ansiosa, temerosa, nunca es buena y nunca procede de Dios. Romanos 8:15 nos dice: "Y ustedes no recibieron un espíritu que de nuevo los esclavice al miedo" (NVI); y 2 Timoteo 1:7 dice: "Porque no nos ha dado Dios espíritu de cobardía, sino de poder, de amor y de dominio propio".

Creo que ya me entiende. En su vida, no debe haber temor.

¡Eche fuera el temor y meta en su vida la fe!

Primera promesa:
Dios está siempre conmigo.

El antídoto para el miedo es la promesa de la presencia de Dios. *Dios está con usted.* "Porque él dijo: No te desampararé, ni te dejaré; de manera que podemos decir confiadamente: El Señor es mi ayudador, *no temeré* lo que me pueda hacer el hombre" (He. 13:5-6, cursivas añadidas). *Dios está conmigo a donde quiera que voy. ¿Cómo podría tener miedo?*

Permita que la seguridad calma y firme de nuestra

primera promesa, grande y preciosa, se asiente en su alma: *Dios está siempre conmigo. Por tanto, no temeré.*

Siempre en su presencia

Ahora bien, ese "Dios está conmigo" incluye más que el hecho de la omnipresencia divina. Sí, Dios está en todas partes; por tanto, está donde estamos nosotros. En el sentido más fiel, Dios no está en *nuestra* presencia, sino que nosotros estamos en la *suya*. Para Dios, la distancia no supone ninguna diferencia.

David dijo en el Salmo 139:7-10: "¿A dónde me iré de tu Espíritu? ¿Y a dónde huiré de tu presencia? Si subiere a los cielos, allí estás tú; y si en el Seol hiciere mi estrado, he aquí, allí tú estás. Si tomare las alas del alba y habitare en el extremo del mar, aun allí me guiará tu mano, y me asirá tu diestra". Dios *está* en todas partes.

Me encanta Jeremías 23:23-24: "¿Se ocultará alguno, dice Jehová, en escondrijos que yo no lo vea?" Como pensar, *¡Dios nunca me encontrará por aquí!* Dios dice: "¿No lleno yo… el cielo y la tierra?". No puede esconderse de Dios. Él está en todas partes.

Para el creyente en Jesucristo, la primera promesa es que Dios está con nosotros *individualmente*. Existe un sentido especial en que Dios está con cada uno de nosotros personalmente como con uno de sus hijos. Es como el amigo íntimo que se sienta a nuestro lado en un estadio lleno de desconocidos. Está con nosotros de una manera distinta a la que experimenta un incrédulo. En este sentido, *con* nosotros también significa *por* nosotros, como en Romanos 8:31: "¿Qué, pues, diremos a esto? Si Dios es con nosotros, ¿quién contra nosotros?".

Además, cuando usted pasa por momentos difíciles, o cuando le pesa el corazón y está cargado, Dios se arremanga y se acerca a usted de una manera distinta a la de cualquier otro momento. No importa si usted le ve obrar o no. Es posible que su proximidad no le haga sentir nada diferente a lo habitual. Pero es la verdad: Dios está justo ahí, con usted. Cuanto peor se ponen las cosas, más se acerca Él para que usted pueda escuchar su voz. A veces da la sensación de que Dios se aparte de usted cuando llegan los problemas, pero eso no es cierto. El Salmo 34:18 dice: "Cercano está Jehová a los quebrantados de corazón; y salva a los contritos de espíritu". ¿Se rompe su corazón hoy? Dios se acerca a usted presuroso. Está junto a usted, en medio del fuego. En aquel momento no pude sentirlo, pero ahora que miro atrás, Dios estuvo junto a mí durante mis días más tenebrosos. Me dio la sabiduría para tomar las decisiones que me sacaron de un valle muy profundo. Me dio las fuerzas que me impidieron salirme del camino y caer en la desesperación más profunda. Indujo a ese amigo a que llamara, justo en el momento adecuado. Hizo que saliera el sol entre las nubes. La verdad es que no hubiera sobrevivido estos últimos años sin la presencia permanente de Dios en mi vida. Uno de los lugares donde más se encontró Dios conmigo fue en su Palabra. Para mí, el mes de marzo de 2008 fue el fondo de todos los fondos: todo era oscuro, no había luz. No podía orar (ni siquiera se me ocurría algo que pedirle); el camino estaba muy oscuro y solitario. Sinceramente, parecía que las circunstancias nunca cambiarían ni mejorarían en ningún sentido. Mientras lloraba, reflexionaba y avanzaba por el libro de Isaías, me dejó anonadado el mensaje claro de Isaías 60:20-21: "No se pondrá jamás tu sol, ni menguará tu luna; porque Jehová te será por luz perpetua, y los días de tu luto serán acabados. Y tu pueblo, todos ellos serán justos, para siempre heredarán la tierra; renuevos de mi plantío, obra de mis manos, para glorificarme". La presencia de Dios no hubiera sido más evidente para mí que si se me hubiera aparecido visiblemente en la habitación. Sé que aquellas fueron palabras reafirmantes de Dios para mí, y rápidamente señalé el margen de mi Biblia.

Las Escrituras nos aseguran que el propio Jesús ora por usted. *En este mismo instante.* Hebreos 7:25 hace esta impactante afirmación: "por lo cual [Jesús] puede también salvar perpetuamente a los que por él se acercan a Dios, viviendo siempre para interceder por ellos". Jesús vive para interceder por usted. ¡Sorprendente! El verbo *interceder* incluye el sentido de *rogar por*: ¡Jesús le presenta ante su Padre constante y persuasivamente! Incluso antes de que usted se arrodille para abrirle el corazón a Dios, Jesucristo ha clamado a su Padre en su favor. Incluso antes de que pida, Él sabe de primera mano lo que usted necesita, porque está *con* usted.

Recuerdo esta cita de mis años de universidad: "Si usted pudiera escuchar al Señor orando por usted en la habitación de al lado, no temería ni a mil enemigos". Justo donde se encuentre usted en este momento, piense que el Señor Jesús está en el cuarto de al lado, arrodillado delante del sofá o de una silla. Extiende sus manos, taladradas por los clavos, y presenta ante su Padre tanto a usted como su necesidad. Conoce sus circunstancias exactas. Pide a su Padre: "Dale fuerzas, Señor"; "Dale sabiduría, Señor"; "Dales paciencia. Van a destruirlo ellos solos, Señor. ¡Concédeles la fe que venza a su temor!". A lo largo de las Escrituras, una afirmación impresionante dice que Jesucristo no solo está *con* usted, sino que en realidad intercede por usted. Incluso con mayor seguridad, puede estar seguro de que ¡Dios escucha a su Hijo cuando ora!

Escuche las palabras que Jesús dijo por usted en Juan 17:13-19:

> Pero ahora voy a ti; y hablo esto en el mundo, para que tengan mi gozo cumplido en sí mismos. Yo les he dado tu palabra; y el mundo los aborreció, porque no son del mundo, como tampoco yo soy del mundo. No ruego que los quites del mundo,

sino que los guardes del mal. No son del mundo,
como tampoco yo soy del mundo. Santifícalos en tu
verdad; tu palabra es verdad. Como tú me enviaste
al mundo, así yo los he enviado al mundo. Y por
ellos yo me santifico a mí mismo, para que también
ellos sean santificados en la verdad.

No temeré: Dios está siempre conmigo.

*Esta es una gran promesa, James, pero, ¿es que Dios no
está con todo el mundo?*

Esa es una buena pregunta. Las Escrituras, como
veremos, dicen que en realidad *no, no lo está*. Hay ciertas actitudes que repelen la presencia íntima de Dios. Su
omnipresencia nunca merma, pero su presencia accesible
sí se restringe. Está allí, pero por lo que a nosotros respecta
es como si no estuviera. Por supuesto, la verdadera guerra
se libra en el interior. Él no se hará presente cuando le
repudia ese pecado de actitud.

Dios no está "con" los orgullosos

¿Qué problema humano importante no comienza con el
orgullo? El Salmo 138:6 dice: "porque Jehová… atiende
al humilde, mas al altivo mira de lejos". Si usted cree que
no necesita a Dios y que puede vivir por su cuenta, Dios
respetará su decisión y se mantendrá alejado. Un alma
orgullosa piensa que Dios es solo para los débiles. Y Dios
da un paso atrás y observa. *Veremos cómo te va la vida*. El
orgullo repele a Dios. El salmo 2 dice que incluso se ríe
frente a la ridícula afirmación de cualquiera de nosotros
que diga ¡que no encaja en la categoría de "débil"!

Hace un par de años, mi amigo Greg Laurie apareció
en el show de entrevistas televisivo *Larry King Live*. King
estaba analizando el tema de Dios y el sufrimiento. Dijo
a Greg: "Pero, la idea de orar a Dios, ¿no es tan solo una

muleta? Es decir, si yo tuviera un cáncer, ¿no tendría que orar a alguien?".

Greg le dio una respuesta sorprendente: "¡Gracias a Dios por esa muleta, Larry! Para mí Dios no es una mera muleta: ¡es un hospital entero!".[1]

Dios se apresura en ayudar al humilde.

Dios no está "con" los mundanos

Santiago 4:4 dice: "¿No saben que la amistad con el mundo es enemistad con Dios? Si alguien quiere ser amigo del mundo se vuelve enemigo de Dios" (nvi). El amor por el mundo y el amor a Dios no pueden coexistir. Todos vivimos en esta batalla. El mundo intenta arrastrarnos hacia abajo, y Dios quiere sacarnos de él.

¿Cuál es el patrón de su vida sobre estos asuntos? ¿Ama lo que ama el mundo, la posición social, las posesiones, la ambición? No es que no sintamos la atracción del mundo, pero si su objetivo es satisfacerse a sí mismo y sus placeres privados, y obtener lo que quiere cuando le apetece, es usted mundano. Cuando las actitudes y las ambiciones que caracterizan al mundo también le caracterizan a usted, no está en buen lugar, por muchos amigos que tenga en Facebook.

Cuando Dios ve su preocupación por las cosas mundanas, le pregunta: *¿Crees que eso es tan importante? ¿Crees que es mejor que yo? ¿Crees que puede satisfacerte y darte lo que yo no puedo darte? Ve a por ello. Disfrútalo hasta que te canses. Yo esperaré aquí.* Dios no quiere tener nada que ver con una forma tan mundana de abordar la vida.

Dios no está "con" los rebeldes

¿Puede escuchar la exasperación de Dios en Isaías 1:5 y 15? "¿Para qué insistir en la rebelión?… Cuando levantan sus manos, yo aparto de ustedes mis ojos" (nvi). Dios lo deja claro: *Creen que mandan ustedes, pero si vienen a Mí con ese espíritu* "Lo voy a hacer como quiera", *ni siquiera los miraré. No puedo tolerar ese corazón, ni esa actitud.* Dios intenta transmitir una información a los rebeldes, y ellos se le oponen con testarudez: *Mi sistema aún funciona. Aún no te necesito. Yo no, ni ahora. Quizás otro día te escucharé.* Siempre pensamos que tendremos un día más, pero el Salmo 95:7-8 nos advierte que escuchemos hoy y que no endurezcamos nuestros corazones. Siga el patrón a lo largo de toda la Biblia; Dios no tolera la rebelión. Tarde o temprano, la aplasta.

Él *está* con usted si le entrega su corazón.

Dios no está "con" quienes dan cabida al pecado

Escúcheme, amigo o amiga. Esta advertencia es muy importante para todos nosotros. Santiago 3:2 dice que "todos ofendemos muchas veces". Ninguno de nosotros es perfecto: ¡solo perdonado! Dicho esto, nuestra relación con Dios depende de cómo abordemos nuestro propio pecado. Hasta qué punto nos tomemos en serio nuestro pecado define en quién nos convertimos. Si nos arrepentimos de nuestro pecado en cuanto lo detectamos, si acudimos a Dios humildemente, pidiéndole perdón y fuerzas para no volver a caer en el mismo pecado, la misericordia divina nos inunda. Pero si quitamos importancia a nuestro pecado, pensando: *Nadie va a impedirme hacer lo que quiero. Me da igual que eso sea un pecado; voy a hacerlo igual,* esa actitud se llama "dar cabida al pecado", y tiene consecuencias peligrosas y eternas. El Salmo 66:18 dice: "Si en mi corazón hubiese yo mirado la iniquidad, el Señor no me habría escuchado". La primera consecuencia de dar cabida al pecado es la separación entre usted y Dios. Si usted tolera su pecado, opta por inutilizar su vida de oración. Ore todo lo que quiera, pero esas oraciones rebotarán en el techo.

Pero si Dios no me escucha, ¿cómo puedo salir de esta

situación? Dios escuchará siempre a un corazón contrito y arrepentido, pero solo le escuchará si usted habla de este tema. Por tanto, si se acerca a Él y alberga un pecado secreto, privado, que no quiere solucionar, Dios le dirá: "Ah, muy bien. ¿Has venido a hablarme de este pecado?". Pero si usted adopta la postura de "No, en realidad es que necesito otra cosa", Dios le responderá diciendo: "Lo siento, pero la siguiente cosa en la lista *es* el tema de tu pecado. ¡Vuelve cuando estés dispuesto a abordar ese tema!".

Podemos decir categóricamente que el Señor no está con todo el mundo; no está con el orgulloso ni con el mundano, con el rebelde ni con quien da cabida al pecado en su vida, pero puede estar con *usted*. Él *está* con usted si le ha entregado su corazón; si se ha apartado de su pecado y ha aceptado a Cristo por fe, y ahora procura cada día caminar en obediencia a Él. Y si usted sabe, como creyente, que en ocasiones el orgullo, la mundanalidad, la rebelión y el hecho de dar cabida al pecado siguen acosando su vida de vez en cuando, dé gracias a Dios por ser consciente de ello, confiese esos pecados y vuelva a tener comunión con Él.

Uno de los mayores tesoros del universo es la promesa de que Dios estará con nosotros. Como Defensor, Ayudador, Señor Soberano y Salvador, Él está a nuestro lado y dice: "Nunca te desampararé, ni te dejaré" (He. 13:5). "Nunca te dejaré" quiere decir que siempre estará allí; "nunca te desampararé", que siempre actuará en beneficio de usted. No se limita a estar por allí con los brazos cruzados. Dios obra a su favor, ¡incluso cuando usted no lo ve!

¡Dios está por nosotros! Prueba: Entregó a su Hijo.

Romanos 8:31 es la mejor noticia del día. "¿Qué, pues, diremos a esto? Si Dios es por nosotros, ¿quién contra nosotros?" ¿Qué problema es demasiado grande? ¿Qué enemigo es demasiado fuerte? ¿Quién va a enfrentarse a usted cuando Dios está a su lado? ¡Dios está *por* usted!

¿Entiende lo que esto significa? El siguiente versículo amplía el sentido: "El que no escatimó ni a su propio Hijo, sino que lo entregó por todos nosotros, ¿cómo no nos dará también con él todas las cosas?". Dios entregó a su único Hijo por usted. Su Hijo puro, sin pecado, perfecto, llevó el castigo que merecían nuestros pecados. No hay mayor regalo que este.

Y dado que Dios ya le ha entregado lo mejor que tiene, ¿no escuchará la oración en la que usted le pida mucho menos? Teniendo una capacidad infinita para dar y habiendo ya entregado lo mejor, no hay nada que usted pueda pedirle a Dios que no sea increíble y significativamente menos de lo que Él ya le ha dado. Por eso nos acercamos al trono con valor y con confianza, cuando le pedimos algo, porque "¿cómo no nos dará también… todas las cosas?"

¡Dios está por nosotros! Prueba: Nos defiende.

Romanos 8:33-34 dice: "¿Quién acusará a los escogidos de Dios?". ¿Quién puede acusarnos? ¿Quién puede derribarnos delante de Dios? Dios es quien justifica. Él es el Juez. Golpea con su mazo y toma la decisión final. El pasaje sigue diciendo: "¿Quién es el que condenará? Cristo es el que murió; más aún, el que también resucitó, el que además está a la diestra de Dios, el que también intercede por nosotros". Lo sabe todo de nosotros, cada inseguridad secreta, cada lucha privada. Y en lugar de condenarnos, Jesucristo ora por nosotros. Esa verdad, por sí sola, ¿no hace que su espíritu se eleve con una confianza agradecida?

¡Dios está por nosotros! Prueba: Nos ayuda.

Volvamos a Hebreos 13:5-6: "Porque él dijo: No te desampararé, ni te dejaré; de manera que podemos decir confiadamente: El Señor es mi ayudador". Mi seguridad radica en Dios. Mi seguridad no descansa en el mercado de valores, ni en una carrera de éxito, ni en las sabias decisiones familiares, ni en mis propias capacidades. Todas esas cosas pueden desaparecer en un momento.

No son solo palabras

Dios está con usted. ¿No es una frase típica de un pastor? Imaginé que estaría pensando eso. *Dios está con usted, hermano. Y con usted, hermana.* Pero, ¿qué quiere decir eso en realidad? ¿Cómo funciona exactamente?

Durante el desarrollo de esta enseñanza, Kathy y yo pasábamos por una temporada muy difícil. Tenía que ver con uno de nuestros hijos. Si usted es padre o madre, conocerá el sufrimiento de algo así. A lo largo de cada momento intenso, doloroso, que duró aquella prueba, la presencia de Dios se fue haciendo cada vez más real, tanto que podíamos tocarla. Kathy y yo hicimos todo lo que pudimos como padres, pero no fue suficiente. Hubo un vacío de indefensión, temor e incluso ira, que nos dejó muy claro que en última instancia no somos nosotros quienes tenemos el control (algo difícil de aceptar cuando se es padre). Cuando se nos acabaron los recursos, ideas y fuerzas propias, Kathy y yo tuvimos que apostarlo todo a la promesa de la presencia inmutable de Dios: "No te desampararé, ni te dejaré; de manera que podemos decir confiadamente: El Señor es mi ayudador; no temeré lo que me pueda hacer el hombre" (He. 13:5-6). Descubrimos de nuevo este hecho: usted puede descansar todo su peso en esta promesa, y le sustentará. Siempre le sustenta.

La experiencia más dolorosa que hemos tenido ha sido permitir que unos hijos experimenten el sufrimiento de sus propias elecciones equivocadas. Sí, era lo que había que hacer, ¡pero fue muy difícil! Estoy convencido de que no hubiéramos permanecido firmes de no tener la experiencia de la presencia de Dios con nosotros. Al mirar atrás ahora, aquel fue el punto de inflexión en la obra de Dios, pero al principio las cosas empeoraron en vez de mejorar. Estoy muy agradecido de que la presencia de Dios siguiera impulsándonos en la fe: "Aunque ande en valle de sombra de muerte, no temeré mal alguno, porque tú estarás conmigo; tu vara y tu cayado me infundirán aliento" (Sal. 23:4).

Sí, pero es que usted es pastor, James. Su obligación es cumplir lo que dice la Biblia. ¿Qué pasa con los cristianos de a pie, como yo?

Por qué dijo Dan: "Aún así lo tengo todo".

Le presento a Dan. Es un seguidor fiel de Jesús que forma parte de nuestra iglesia. Me ha concedido permiso, amablemente, para contar una parte de su historia. Hasta hace unos meses, Dan era socio mayoritario de Bear Stearns Companies, uno de los bancos de inversión global más grandes del mundo, dedicado al mercado de valores y a empresas de corretaje. Dan trabajó allí veinticinco años, y tuvo mucho éxito. La compañía era sólida; acciones de primera clase año tras año, con un capital de 18.000 millones de dólares. Dan no tuvo mucho de qué preocuparse hasta que…

¿Ha visto la película *Qué bello es vivir*? ¿Recuerda cuando todo el mundo acude corriendo a la Asociación de Construcción y Préstamos para retirar sus ahorros porque han oído que el banco se está quedando sin fondos? Todos fueron corriendo a las ventanillas, gritando y exigiendo su dinero. Todo el banco estaba a punto de venirse abajo, porque todo el mundo quería sacar la totalidad de sus fondos aquel mismo día.

Eso es lo que sucedió a Bear Stearns en 2008. Durante el transcurso del año, y luego al final durante un par de días, su valor de mercado pasó de 165 dólares la acción a tan solo 2. La gente "corrió al banco", y la compañía se hundió. Un día, Dan y sus colegas estaban en terreno sólido y estable, y un par de días vertiginosos más tarde, estaban en bancarrota. El torbellino de sucesos escapó por completo a su control. La catástrofe pilló desprevenidos a todos. Dan lo perdió *todo*.

¡Qué triste!, puede que piense usted. *¿Y cómo le va a Dan?* La respuesta inesperada es: *genial*. Está lleno de alegría y alabando al Señor. *¡Increíble!* Mientras se desarrollaban los acontecimientos, hablé regularmente con él por teléfono, para ver cómo afrontaba la situación. ¿Afrontar? Dan estaba lleno de la presencia del Señor. Me dijo: "James, me preocupa la gente que me rodea. Se derrumban sobre sus mesas, llorando. Lo han perdido todo de verdad". (¡Escuchen esto, escépticos!). Añadió: "Pero yo aún lo tengo todo. ¡Tengo al Señor! El Señor está de mi lado. El Señor es mi Ayudador. No temeré lo que me pueda hacer el hombre" (Sal. 118:6). Dan se movía por su empresa moribunda, compartiendo el Señor con las personas en su momento más oscuro, más desesperado. Es un ejemplo sorprendente de lo que puede significar la presencia del Señor para usted, en el terreno práctico.

¿Cómo se explica esto? Se lo digo: el Señor está con él, y esa historia aún no ha concluido. Dan está descubriendo, como usted puede hacerlo, que puede descansar todo su peso en la promesa grande y preciosa de Dios de que *siempre estará con usted* y le sustentará.

La promesa de la presencia de Dios hizo que Dan superase la crisis, y la promesa de la provisión divina (aún por venir) le ayudó a levantarse de nuevo. Al final, Dan encontró un empleo y vio cómo su panorama económico se estabilizaba y comenzaba a crecer de nuevo. Lo mejor de todo es que Dan me informó hace poco de que Dios usa su vida como nunca antes. A menudo me dice que no quisiera volver a ser la persona que fue antes de que aquel desastre lo cambiara todo. Conoce a Dios, y pasaron juntos por esa época tan ardua, lo cual ha supuesto la gran diferencia.

Guarde esto en su corazón

He guardado este versículo para el final porque quiero que lo memorice: "Sean fuertes y valientes. No teman ni se asusten ante esas naciones, pues el Señor su Dios siempre los acompañará; nunca los dejará ni los abandonará" (Dt. 31:6, nvi).

Está todo contenido en este versículo, ¿verdad? Concédase un momento para saborearlo de nuevo. Sean quienes sean "ellos", ¡no tienen posibilidades!

Veamos el contexto. Moisés y la segunda generación de israelitas salidos de Egipto están en la frontera de la Tierra Prometida. Moisés sabe que está a punto de morir. Todos los padres y abuelos de Israel habían acampado en ese mismo lugar 38 años antes, pero habían dudado de que Dios estuviera con ellos y que les protegiera cuando entrasen en la Tierra Prometida. Todos ellos murieron en el desierto. Ahora Dios va a dar a los hijos aquello cuyos padres perdieron debido a su desconfianza. Así que Moisés, en la rampa de salida que lleva al cielo, les transmite estas órdenes (que he resumido):

"Antes de que se enfrenten a esos gigantes de la tierra, quizá piensen que son demasiado fuertes para ustedes, como pensaron sus padres. Pero tengan en cuenta que *Dios está con ustedes.* Tendrán que enfrentarse a una oposición violenta; puede que se sientan tentados a retroceder. Pero pensadlo de nuevo: *Dios está con ustedes.* Se enfrentarán a situaciones terribles, donde estarán en franca desventaja. Su reacción natural sería el miedo. Pero no lo olviden: *Dios está con ustedes.* Esta lucha no acabará en diez minutos ni en diez semanas; no hay soluciones rápidas. Si piensan que está tardando demasiado, recuerden: *Dios está con ustedes*".

"Sean fuertes y valientes", añadió aquel líder anciano y trabajado; "No teman ni se asusten ante esas naciones, pues el Señor su Dios siempre los acompañará; nunca los dejará ni los abandonará" (Dt. 31:6, nvi). *¿No hemos aprendido* *que es así durante estos cuarenta años?* Imagino a Moisés diciendo esto: *No nos ha abandonado mientras estábamos en el desierto. Nunca nos olvidó, sino que siempre nos dio lo que necesitábamos. ¿Por qué motivo deberíais temer ahora?*

Ahora como entonces, cuanto peor se ponen las cosas, más está Dios a su lado. Cuanto más dura la prueba, más se acerca Él a usted. ¿Se siente aplastado? Él se acerca deprisa para ponerse a su lado y ayudarle.

Lo mejor de todo, Dios está con nosotros

Me gusta estudiar las vidas de los predicadores famosos. Uno de mis favoritos es John Wesley, del siglo XVIII. Wesley inició un avivamiento poderoso en el Reino Unido, llevando a decenas de miles a Cristo gracias a su ministerio. Quienes recorrían la frontera norteamericana para predicar el evangelio de ciudad en ciudad seguían, en su mayoría, las huellas de Wesley. Dios cambió el mundo, literalmente, por medio de Wesley. Su vida ha sido una inspiración tan grande para mí que nuestro segundo hijo se llama Landon Wesley.

Hay que tener muy en cuenta las últimas palabras de una persona, dado que, al final de la vida es cuando hablamos desde lo profundo de nuestras almas. Sabemos, gracias a un testigo fiable, que en su lecho de muerte Wesley exclamó: "Lo mejor de todo, Dios está con nosotros". En aquellos tiempos morir era una experiencia en grupo. La gente se reunía para conversar con las personas que dejaban este mundo (y observarlas). Con su último aliento, Wesley repitió lo que había sido más precioso para él: "Lo mejor de todo, Dios está con nosotros".[2]

"Aunque ande en valle de sombra de muerte… tú estarás conmigo" (Sal. 23:4).

El Dios que conoce el principio y el fin ha hecho algunas promesas. La primera es grande: *Dios está conmigo. Dios está con usted. No tenemos nada que temer.*

Padre, todos aquellos que necesitamos renovar diariamente nuestra confianza y nuestra fe en ti, te rogamos que nos ayudes a apropiarnos de tu promesa de que nunca nos dejarás ni nos desampararás. Ayúdanos a hablar y a vivir sin miedo, porque somos conscientes de estar en tu presencia.

Señor, tú estás conmigo. Oras por mí. No estoy solo. ¿Hay alguna garantía mayor para que no deba temer? Tu promesa permanece, expresada una y otra vez en tu Palabra, y ha satisfecho a tus seguidores durante miles de años: tú estás conmigo. Guardo esta verdad en mi corazón ahora mismo. Que la consciencia de que este es nuestro reto, nuestra prueba y nuestra carga me fortalezca y me sustente hoy.

Por el poder de tu nombre, amén.

GUÁRDELO EN SU CORAZÓN

Las promesas de Dios son una garantía que Él da a su pueblo para que puedan caminar por fe mientras esperan que Él obre.

Formúlese las siguientes preguntas, haciendo una pausa después de cada una para meditar su respuesta. Considere utilizar un cuaderno de notas para escribir las respuestas.

¿De qué maneras lucho contra el miedo?

¿Qué es el miedo?

¿Qué puede hacer Dios respecto a la(s) cosas(s) que temo?

¿Será ese el motivo por el que en ocasiones me siento tan lejos de Dios cuando más le necesito, porque no creo que Él pueda arreglar lo que me da miedo?

¿De qué maneras juego al "Y si…" en mi mente? ¿Y si pierdo mi empleo, y si ella me abandona, y si fracaso…?

¿Es el miedo un factor que incide en mis decisiones? No puedo hacer eso, porque, ¿y si pasa "xyz"?

Reciba esto por fe. Tómese un momento para repasar su vida esta semana. Piense en los lugares donde ha estado; recuerde en qué ha pensado o qué le ha provocado estrés. *¿Es demasiado difícil para Dios?* "Jehová tu Dios estará contigo en dondequiera que vayas", le dijo Dios a Josué (Jos. 1:9). Una vez haya asimilado este concepto en su corazón, *¿qué tiene que temer?*

¿Cuáles de los conceptos incluidos en esta promesa habló directamente a mis temores?

¿Cómo puedo caminar ahora por fe hasta que Dios ponga por obra sus promesas en mi vida?

APRÉNDALO DE MEMORIA
Deuteronomio 31:6 (NVI)

Sean fuertes y valientes. No teman ni se asusten ante esas naciones, pues el SEÑOR su Dios siempre los acompañará; nunca los dejará ni los abandonará.

TEOLOGÍA DE UNA PROMESA
Dios cumple todas sus promesas.

Después de este estudio, no volveré a pensar en la vida cristiana de la misma manera que antes.

La vida cristiana se centra en las promesas de Dios y en nuestra fe en lo que dijo que hará. En nuestro caminar con Cristo, necesitamos seguir adelante (seguir amando, sirviendo, obedeciendo) hasta obtener lo que Dios prometió. Aún no tenemos todo lo que ha prometido. De hecho, ni siquiera tenemos una pequeña parte de ello. ¡Aún queda tanto por venir! Por tanto, siga adelante y camine por fe, y algún día Él cumplirá todo lo que dijo que haría.

Usted y yo podemos tener las mejores intenciones del mundo, pero nuestra mejor promesa significa *Quiero hacerlo; Tengo intención de hacerlo; Haré lo que pueda.* Pero todos sabemos que solo el tiempo lo dirá. Con Dios no pasa lo mismo. Cuando Dios promete, no dice *Lo intentaré.* No, dice *¡Puedo hacerlo y lo haré!*

¿Quién más puede decir esto? Una persona bien intencionada pide un préstamo, pero es posible que no pueda devolverlo. El banco intenta asegurar el préstamo, pero como hemos aprendido ya en nuestro país, incluso las grandes instituciones financieras no pueden cumplir siempre algo que se comprometieron a hacer.

Me avergüenzo cada vez que alguien cuenta que se ha hecho evidente que otro predicador era un fracaso y un hipócrita. Me entristezco cada vez que escucho en las noticias el último chanchullo policial o el hundimiento moral de un político. Las personas a quienes se otorga la confianza para servir al público hacen todo tipo de promesas, pero no siempre las cumplen.

En nuestra primera "Teología de una promesa" vimos el pasaje de Hebreos 6:17-18, y descubrimos que Dios, por naturaleza, promete cosas, y que su carácter y su Palabra nunca cambiarán. Unos pocos versículos antes, en Hebreos 6, el escritor nos animó en nuestro caminar con Cristo: "Deseamos, sin embargo, que cada uno de ustedes siga mostrando ese mismo empeño hasta la realización final y completa de su esperanza. No sean perezosos; más bien, imiten a quienes por su fe y paciencia heredan las promesas" (vv. 11-12, NVI).

¿Cuántas veces se siente perezoso en su fe? ¿Se encuentra en medio de una fase de pereza en estos momentos? La chispa de la pasión que solía tener, ¿se ha visto sustituida por el letargo y la apatía? Hebreos 6:12 dice que esto no es lo que Dios quiere para usted. Quiere que sea imitador "de aquellos que por la fe y la paciencia heredan las promesas".

Pactos y condiciones

Antes de continuar, necesitamos un poco de contexto para esas promesas. El siguiente versículo, Hebreos 6:13, dice: "Porque cuando Dios hizo la promesa a Abraham, no pudiendo jurar por otro mayor, juró por sí mismo".

La Biblia contiene dos tipos de promesas, a veces llamadas "pactos". El *pacto condicional* incluye la parte de Dios y la de usted. *Yo cumplo mi parte, y entonces Dios cumple la suya.* El pacto mosaico en Éxodo 19—24 fue un ejemplo de una promesa condicional. Dios dijo: *Si ustedes me obedecen, les bendeciré. Si desobedecen, serán juzgados.*

Un *pacto incondicional* involucra sólo a Dios. Él lleva el peso de las dos partes. Dios dice: *Voy a hacer esta promesa basándome solamente en mi carácter. Tú no tienes que hacer nada*. No hay condiciones que debamos cumplir para que esa promesa se haga realidad.

El pacto abrahámico en Génesis 12 fue incondicional. Dios eligió a un pueblo para sí, mientras el único testigo de aquella promesa divina era el padre futuro de la nación.

Un pacto es un compromiso serio. En realidad, la palabra *pacto* significa "cortar". En el Antiguo Testamento, las dos partes involucradas en el pacto celebraban una ceremonia. Tomaban a un animal para el sacrificio, lo mataban y lo cortaban a lo largo. Entonces separaban en tierra las dos partes del animal, se colocaban en medio de ellas, se estrechaban la mano y juraban que harían aquello que habían pactado, sellando así el trato.

Cuando Dios estableció un pacto incondicional con Abraham, fue el único participante en aquella ceremonia. Hizo que Abraham se durmiera y se colocó, Él solo, entre las partes de los animales sacrificados. Afirmó así que cumpliría su compromiso, hiciera lo que hiciese Abraham. Puede leer Génesis 15 para ver cómo se produjo ese acontecimiento tan impresionante.

Génesis 15:17 dice, al final de la ceremonia: "Y sucedió que puesto el sol, y ya oscurecido, se veía un horno humeando, y una antorcha de fuego que pasaba por entre los animales divididos. En aquel día hizo Jehová un pacto con Abram, diciendo: A tu descendencia daré esta tierra".

Independientemente de lo que hiciera Abraham, Dios dijo: "Te daré la tierra, te bendeciré y te multiplicaré".

Volvamos a Hebreos 6. (Ya le dije que en este estudio viajaríamos por toda la Biblia. ¿No es maravilloso ver cómo obra la mano de Dios por toda su Palabra?). De lo que estamos hablando es de la promesa incondicional de Dios. Cuando llegó el momento de sellar el pacto, Dios no tenía a nadie mayor que Él por quien jurar, ¡de modo que Hebreos 6:13 dice que juró por sí mismo! Entonces dijo: "De cierto te bendeciré con abundancia y te multiplicaré grandemente" (v. 14). Abraham se aferró a esa promesa, caminando pacientemente en fe, y el versículo 15 nos dice que la recibió: "Y habiendo esperado con paciencia, alcanzó la promesa". Este ejemplo se vuelve a usar con más detalle en Hebreos 11:8-19.

Dios no olvida

Volvamos a leer Hebreos 6:17: "Por lo cual, queriendo Dios mostrar más abundantemente a los herederos de la promesa la inmutabilidad de su consejo, interpuso juramento". Este *consejo*, las promesas que ha hecho Dios, no puede cambiar. Las garantizó con dos cosas inmutables: su carácter y su Palabra.

Nuestra naturaleza humana no nos permite siquiera imaginar algo "inmutable". Nunca hemos experimentado algo tan seguro y tan sólido. Sabemos instintivamente que Jesús decía la verdad cuando afirmó "El cielo y la tierra pasarán", pero tendemos a preguntarnos si realmente quiso decir la segunda parte, lo de "pero mis palabras no pasarán" (Mt. 24:35). Nadie sino Dios puede hacer una afirmación así, ¡y mantenerla! Palabras inmutables de un Dios que también lo es: "Jesucristo es el mismo ayer, y hoy, y por los siglos" (He. 13:8).

Una de las cosas de las que me acusan bromeando Kathy y mis hijos es de que olvido cosas. Alquilo una película y le digo a Kathy: "Me pareció que era una buena película. No creo que contenga nada indecente".

Y ella me responde: "Sí, cariño, ya sabemos que es buena, porque la vimos hace dos semanas". Así que se va a leer un libro y yo pongo la película para ver qué pasa, porque, sinceramente, no recuerdo nada de nada. No es uno de mis mejores rasgos.

Lamentablemente, también me pasa en las relaciones personales. Conozco a algún tipo estupendo que me dice que juega al golf. Entonces le digo: "Me encanta el golf. Deberíamos ir a jugar un día de estos".

Entonces me mira, con expresión de extrañeza, y me dice: "¡Querrás decir como lo hicimos hace un mes!".

"¡Eso es!" No sé por qué, pero no tengo muy buena memoria para determinadas cosas.

Afortunadamente, Dios no es así en absoluto. No olvida nada, y tampoco cambia. Es una Roca. Cuando Dios dice algo, puede estar seguro de que lo hará. Cuando Dios cumplió su promesa a Abraham, también le incluyó a usted en ella. Gálatas 3:29 dice que "Y si vosotros sois de Cristo, ciertamente linaje de Abraham sois, y herederos según la promesa". Usted participa de todo esto.

Dios no puede mentir

Ya hemos analizado el pasaje varias veces, pero es tan importante que le echaremos otro vistazo: "Por lo cual, queriendo Dios mostrar más abundantemente a los herederos de la promesa la inmutabilidad de su consejo, interpuso juramento; para que por dos cosas inmutables, *en las cuales es imposible que Dios mienta*, tengamos un fortísimo consuelo los que hemos acudido para asirnos de la esperanza puesta delante de nosotros" (He. 6:17-18, cursivas añadidas).

¡Dios es verdad! Inventó la verdad, y todo lo que hay en Él es verdad. No es simplemente que a Dios *le cueste* mentir, porque eso sería una cuestión de validez. No es *improbable* que Dios mienta, porque eso sería una cuestión de probabilidad. Es *imposible* que Dios mienta (es un aspecto de los atributos inviolables de Dios), una de las cosas que Dios *no puede* hacer y por tanto *no hará*.

Piense en todos los motivos por los que mienten las personas. Incluso si Dios pudiera mentir, no tendría motivos para ello. No ganaría nada por mentir. Todo lo que quiere que suceda, sucede. Todo lo que dice es verdad. No le teme a nada. Tiene razón en todo. ¡Es Dios!

Satanás, como antítesis última de Dios, es un embustero. Juan 8:44 dice: "[Satanás] es mentiroso, y padre de mentira". No puede decir la verdad. Ni una sola vez le ha dicho la verdad a usted, a menos que fuera envuelta en una mentira peor. Esa fue la táctica que empleó con Jesús cuando se encontraron en el desierto (Mt. 4:1-11). El diablo citó las Escrituras a Jesús, pero solo para distorsionarlas con un propósito manipulador. Satanás es el peor mentiroso, mientras que Dios es quien dice siempre la verdad. Usted no puede fiarse de nada de lo que diga Satanás; pero puede descansar todo el peso de su vida en la Palabra de Dios.

Dios no es inconstante

Cuando yo era un nuevo pastor de jovenes en Canadá, en la iglesia había un hombre que decidió embarcarse en un proyecto misionero. Era un plan bastante ambicioso, pero todos le respaldamos y le ayudamos económicamente. En nuestra iglesia éramos unos 150 miembros, de manera que enviar a alguien a África suponía una misión difícil.

Pasaron las semanas y él fue haciendo su equipaje y enviándolo a África por adelantado. Le compramos un billete especial solo de ida. El día en que le despedíamos, nos pusimos a su alrededor, oramos por él, y le dijimos lo mucho que le queríamos y creíamos en él. Después del culto, fuimos a la "sala de comunión" (el sótano) y disfrutamos de una gran comida todos juntos. Le abrazamos, lloramos y le dijimos "Dios te usará" y "¡Adelante!". Esa tarde alguien le llevó al aeropuerto en coche.

Bueno, pues llegó la hora del culto dominical de la noche y volvimos a reunirnos en la iglesia. ¿Y adivina a quién nos encontramos allí? ¡A nuestro misionero!

"¿Qué haces aquí?".

"¡Ah!", contestó él. "Es que después de ver cuánto me ama la gente de la iglesia, ¡no pude irme!". Y no lo hizo. Dijo que se iba; reunió dinero para irse. Oramos por él para cuando se fuera. Alguien le llevó al aeropuerto, ¡pero cambió de opinión! ¡Qué locura!

Ahora sonreímos al leer esto, pero la historia nos recuerda que somos inconstantes. Nos encendemos y decimos: "Voy a hacer esto o lo otro aquí" y "Esto es lo que más me importa". Pero más tarde decimos: "Olvídate de todo eso; ahora quiero esto otro". ¡Volubles! Pero Dios no es así. Dios no vacila ni cambia de opinión. Josué 23:14 nos recuerda: "Ustedes bien saben que ninguna de las buenas promesas del Señor su Dios ha dejado de cumplirse al pie de la letra. Todas se han hecho realidad, pues él no ha faltado a ninguna de ellas" (NVI).

Algunas de nuestras promesas son *Sí*, pero otras son *Ya veremos* o *Lo intentaré de verdad*, e incluso *Espero sinceramente que sí*. Algunas de nuestras promesas se convierten en *Se me olvidó*. Pero Dios sabe lo que ha dicho. No puede mentir, y nunca se le irá algo de la cabeza. Cumplirá lo dicho, una vez tras otra.

Respire hondo y grábese esto en el corazón: Dios no tiene *nada* que ver con las promesas rotas. Cuando dice *Lo prometo*, ya puede usted tenerlo claro: sucederá. Dios cumple sus promesas.

Nunca, ni una sola vez en mi vida, he confiado en Dios para luego arrepentirme de ello. Pero podría llenar páginas con historias de las veces en que he dudado de Dios y he tomado malas decisiones. ¡Dios nunca me ha dejado! Su soberanía nunca ha cesado de obrar. Usted no tiene que preocuparse por si puede confiar en Él o no. Dios será fiel a sí mismo y a sus promesas.

DIOS TIENE SIEMPRE EL CONTROL
(No dudaré)

*Fíate de Jehová de todo tu corazón, y no te apoyes en
tu propia prudencia. Reconócelo en todos tus caminos,
y él enderezará tus veredas.* Proverbios 3:5-6

Por lo general, los cristianos no se proponen dudar de
Dios. No ponemos nuestra fe en tela de juicio sin motivo.
Para la mayoría de nosotros, el dolor de la vida simplemente nos atrapa desprevenidos. Cuando nos dejan solos
para abordar las dudas y las preguntas que atrapan nuestra
razón en un torbellino, caemos en picado.

Alguien ha dicho que la duda es el cáncer del alma.
Como una bola demoledora que golpea su hogar, la duda
bate y perjudica la estructura de lo más importante que
hay en su vida: sus creencias respecto a Dios.

Sin embargo, si en los momentos de duda llevamos
nuestras preguntas directamente al Señor, nuestra fe
aumenta. No podemos afirmar que no dudaremos; en
lugar de eso, intentamos saber qué hacer con las dudas
cuando nos sobrevengan. Las promesas de Dios y de su
carácter pueden someterse al escrutinio más microscó-
pico posible. Las dudas deberían llevarnos de vuelta a las
promesas de Dios, ¡no ser la causa de que nos alejemos
de Él! Cuando usted dice *No sé exactamente lo que hace
Dios, pero sé que tiene el control de la situación*, esto es una

evidencia de que confía en Él. Usted no se da cuenta de hasta qué punto necesita las promesas de Dios hasta que su vida cómoda y sencilla hace un quiebro repentino. Ese es el momento de explorar la Palabra de Dios y encontrar algo que le permita anclar su fe.

La duda es una falta de confianza o de seguridad en que Dios cumplirá sus promesas.

La fe es la confianza activa en que las promesas de Dios son siempre ciertas.

Supere la oleada de la duda

Santiago 1:6 dice que debemos orar con fe, o más concretamente, que deberíamos orar *sin dudar*. Santiago debía acordarse de lo que era navegar en una época en que los barcos estaban a merced del viento y de las olas. Dijo: "el que duda es semejante a la onda del mar, que es arrastrada por el viento". Inestable. De un lado para otro, en un estado de trastorno constante. ¡Uf! Hace que me maree. La duda hace esto.

Tal y como dicen los Evangelios, era entre las tres y las cuatro de la mañana cuando los discípulos se vieron atrapados en una tormenta en el mar de Galilea. Cuatro o cinco de ellos eran pescadores expertos; ¡conocían lo bastante bien la reputación del lago como para estar aterrados! El resto de los discípulos se fijaba en los expertos. Si un pescador como Pedro sentía miedo, ¿no deberían sentirlo ellos? Justo cuando el viento y las olas iban a hundir la barca, Jesús pasó por allí… ¡caminando sobre el agua! ¡Increíble! Mateo 14:26 nos dice que los discípulos "dieron voces de miedo". El versículo 27 sigue diciendo: "Pero Jesús les dijo en seguida: ¡Cálmense! Soy yo. No tengan miedo" (NVI).

¿Por qué dudaste?, le preguntó. *Estoy aquí.*

Y Pedro le dijo en Mateo 14:28: "Señor, si eres tú, manda que yo vaya a ti sobre las aguas". Me encantan estas cosas que tenía Pedro. Es como si dijera: *Si Jesús dice que puedo caminar sobre las aguas, es que puedo.* Así que Jesús le dijo "Ven" y, como respuesta, Pedro descendió "de la barca, [y] andaba sobre las aguas para ir a Jesús. Pero al ver el fuerte viento, tuvo miedo, y comenzando a hundirse, dio voces, diciendo: ¡Señor, sálvame!" (vv. 29-30).

¡Pero Pedro, si lo estabas haciendo muy bien! ¿Qué pasó?

Yo le diré lo que pasó: apartó los ojos del Señor. ¿Le ha pasado alguna vez a usted? Cuando tenía la vista fija en el Señor, la vida iba bien pasara lo que pasase a su alrededor. Pero en el mismo momento en que se centró en el viento y en las olas, empezó a hundirse.

¿Cómo le afecta eso hoy a usted? Si se está hundiendo, puedo garantizarle que es porque ha estado mirando las olas (como el flujo y reflujo de su fondo de pensiones). Ha escuchado al viento que aúlla (como las voces constantes del destino aciago, que son las que más se oyen en nuestra sociedad). Se ha fijado en lo que dicen otros, o en el modo en que actúan, en vez de mantener su mente *perseverante* en Cristo (Is. 26:3). Sin duda yo también me he visto así. Sé el aspecto que tiene esa incertidumbre. ¡Podemos hacerlo mejor!

Cuando el proyecto de construcción de nuestra iglesia había superado el presupuesto en varios millones, y las obras se detuvieron debido a "irregularidades en el acero", la bancarrota se cernía como nubarrones negros en el horizonte, acercándose presurosa. Luché por seguir predicando, sabiendo que cualquier día podía acabar todo. Fueron muchos los críticos, y la mayoría de sus críticas eran justas; pero, ¿acaso la fidelidad de Dios no llegaba incluso a mis malas decisiones bien intencionadas? Las dudas, los temores, los remordimientos, esas eran las olas que hicieron que mi atención se desviase del Señor. Unos cuantos amigos, y la gracia de Dios por medio de ellos, me proporcionaron la fuerza para mantener la vista fija en Cristo. Años más tarde, la iglesia está sana y fuerte. La ferocidad del temporal es un recuerdo distante. Pero cuando soplaba el viento, y sentí que me hundía, el punto de inflexión fue, realmente, la decisión de apartar la vista de lo que generaba las dudas, y mantener mis ojos en el Cumplidor de Promesas.

Vivir por fe

Sigamos leyendo en el versículo 31: "Al momento Jesús, extendiendo la mano, asió de él, y le dijo: ¡Hombre de poca fe! ¿Por qué dudaste?". Ahí tenemos nuestra palabra: *duda*. Jesús apuntó al problema central. No fue que Pedro se diera cuenta del viento y de las olas, ni siquiera que tuviera miedo al darse cuenta de dónde estaba; los problemas llegaron cuando permitió que lo que veía le condujese a la duda, ¡en vez de contemplar a Aquel que podía mantener firme su fe!

El camino cristiano es una vida de fe. Para aferrarse a las promesas de Dios, tiene que creerlas y vivir según ellas. Tiene que decirse a sí mismo: *Creo que esta promesa es cierta. Creo que esto sucederá, aunque no sé cuándo ni cómo. No siempre entiendo los caminos de Dios, pero confío en Él. Él tiene el control.*

Dios le ha ofrecido algunas garantías, para que usted pueda caminar por fe mientras espera a que Él obre. Vivir por fe y aferrarse a las promesas de Dios aporta estabilidad y fuerza a la vida, sobre todo cuando no entiende qué está pasando justo delante de sus ojos.

¿Listo para un entrenamiento de fuerza? Volvamos nuestros corazones a una de las promesas más queridas de la Biblia: Proverbios 3:5-6.

Elija confiar

Muchas personas me han dicho que Proverbios 3:5-6 es el versículo de su vida. Saben que es un mandato de la

Palabra de Dios que pueden cumplir cada día. ¿Es este uno de esos principios que son guías infalibles en su vida? ¿Lo tiene subrayado en su Biblia? Seguramente lo sabe de memoria: "Fíate de Jehová de todo tu corazón, y no te apoyes en tu propia prudencia. Reconócelo en todos tus caminos, y él enderezará tus veredas".

Proverbios 3:5-6 incluye una promesa que usted tiene la obligación de conocer. Examinemos una frase a la vez.

"Fíate de Jehová de todo tu corazón" es, claramente, una exhortación a apartarse deliberadamente de las dudas. Cuando usted confía en el Señor *con todo su corazón*, hace la elección tangible de no permitir que la incredulidad le pisotee el alma. En lugar de ello, pasa a caminar por fe, con sus dos pies, ¡y con su corazón!

Me gustaría pensar que ahora mismo confío en el Señor así, James, pero, ¿cómo puedo estar seguro de que lo hago?

La siguiente frase le ayudará a responder a esta pregunta: "y no te apoyes en tu propia prudencia". Usted no puede confiar en el Señor con todo su corazón si, al mismo tiempo, intenta depender de su propio conocimiento.

Quizás usted ya sabe estas cosas. Tiene experiencia en este campo, sabe cómo funciona todo. Esto no tiene nada de malo. Tener experiencia y conocimientos puede ser positivo. La pregunta es: cuando se enfrenta a una crisis, ¿depende de esas cosas? ¿Pone su confianza en su propia capacidad de salir de las situaciones difíciles? ¿Dice cosas como *Sé cómo arreglar esto. Ya he pasado por esto antes. Esto lo superaré rápidamente, no necesito ayuda*? Sí, eso no es estupendo. No se fíe de su propio entendimiento. Si su confianza en Dios está limitada por el grado en que entiende los caminos de Dios, siempre tendrá una confianza limitada.

Esto también se aplica a sus relaciones personales. Digamos que tiene una situación problemática en su familia. Experimentan roces, tensiones, o bien distanciamiento y rebelión. Quizá su hijo no esté donde usted quisiera que estuviera en su relación con Dios, o a su suegra no le interesa mucho su propio estado espiritual. Estoy seguro de que usted tiene sus propios estudios de caso familiares que le hacen sentirse indefenso. Sin duda no es fácil, pero la manera de manejar las circunstancias que escapan a su control es confiar en el Señor con todo su corazón y hacer lo correcto.

Voy a confiar en que Dios honrará mi elección de amar a mi familia. Incluso cuando me hacen daño, aun cuando me usan o me olvidan. Confío en que el Señor honre mi decisión de hacer lo correcto.

No voy a vengarme de ella por el modo en que me trata.

No tengo que ser orgulloso ni mezquino cuando me maltratan aquellos a los que amo. Puedo dejar el asunto en manos de Dios. Puedo esperar a que Él actúe.

(Lea Romanos 12:16-20; Efesios 4:2-3, 15-16, 29-32; y 1 Corintios 13:4-7, para encontrar ejemplos del modo en que funciona dentro de las relaciones la opción de confiar en Dios).

Si usted duda de la Palabra de Dios y se apoya solamente en aquello que logra ver o comprender, no llegará a ningún sitio bueno.

Muy bien, y entonces, ¿qué? Siga leyendo: "Reconócelo en todos tus caminos". En cada decisión, reconozca a Dios y cuente con su participación. Es posible que usted tenga la capacidad de gestionar la situación por sí solo, pero no le interesa simplemente salir de ella, sino honrar a Dios en medio de esa circunstancia. Quiere agradarle. Por tanto, en todos sus caminos, tendrá que poner a Dios en primer lugar.

Vamos a poner un ejemplo práctico. Imagine que tiene usted problemas económicos, o que pierde su empleo, o que alguien le arrebata esa gran venta de la que dependía;

eso por no mencionar el precio creciente de la gasolina y las fluctuaciones caóticas de Wall Street. Las cosas se han puesto tan feas que usted no sabe ni cómo podrá pagar las facturas.

Hablando humanamente, si usted se apoyase en su propio entendimiento y no tuviera en cuenta a Dios en este asunto, tendría que plantearse cosas como: *Vamos a tener que apretarnos el cinturón. Nada de dinero para beneficencia. Ya no podremos seguir apadrinando a una niña; tendrá que cuidarse sola. Se acabaron los zumos de frutas en el almuerzo de los niños; que beban de la fuente. Tampoco ofrendaremos nada a la iglesia; parece que les va bastante bien.*

Ahora bien, es correcto tener sabiduría en su forma de administrar el dinero, pero si cree que así va a solucionar el problema, está siendo sabio en su propia opinión. En lugar de eso, diga: *Vamos a cumplir nuestros compromisos, incluyendo el del diezmo, y vamos a confiar en el Señor con todo nuestro corazón. Estas circunstancias tan adversas son, en realidad, una oportunidad clara para poner en práctica la confianza.* Vamos a creer que el 90% que nos queda, con la ayuda de Dios, es más que el 100% sin Dios. No lograremos salir de este atolladero sin su ayuda, de modo que vamos a reconocer que está con nosotros, justo en este momento difícil. Pondremos a Dios el primero en nuestras vidas, y confiaremos en que cumplirá sus promesas.

¿No cree que Dios sabe cuánto tiene usted? ¿No cree que Dios ve su situación? ¿No fue Dios mismo quien dijo, por medio del profeta en Malaquías 3:10, "Traigan íntegro el diezmo para los fondos del templo… Pruébenme en esto… y vean si no abro las compuertas del cielo y derramo sobre ustedes bendición hasta que sobreabunde" (NVI)? Dios dice: *Probadme respecto a esto. Probadme a ver si soy fiel o no.* Esta es su ocasión para descubrir qué significa confiar en Él totalmente. Entonces, prepárese para la promesa que llega al final del pasaje en Proverbios: "y él enderezará tus veredas".

Como ya hemos visto, Dios hace dos tipos de promesas: condicionales e incondicionales. Esta es condicional: usted debe hacer algo. Tiene que confiar en el Señor con todo su corazón. Tiene que reconocerle en todos sus caminos sin apoyarse en su propio entendimiento. Si usted hace su parte, Dios hará la suya. "Él enderezará tus veredas". Según la versión que recuerdo de niño, la frase dice "Él guiará tus caminos". Esto significa que Dios hará que sus caminos sean llanos, conseguirá que el sendero sea transitable.

En la vida de toda persona hay una serie considerable de baches por el camino. Hay obstáculos que debemos saltar, y montones de inquietudes que nos doblan por la mitad. Todos tenemos nuestra propia lista. Hay momentos en los que lo único que vemos es el arduo camino y la carga pesada. Pero el Señor promete que si usted confía en Él con todo su corazón, y no se fía de su propia sabiduría, y le reconoce en todos sus caminos, entonces Él allanará sus caminos. *Dios alisará su camino.*

No hay nada peor que conducir por carreteras de grava, con hoyos y baches de reducción de velocidad, llevando un vehículo peligrosamente sobrecargado. ¡Líbrese de vivir así! Dios promete que allanará el terreno delante de sus pies. Él le ofrecerá la carretera más segura, rápida y lisa, para que llegue al mejor destino posible.

¡Vaya! ¡Eso es una promesa grande! ¡No es de extrañar que la gente atesore este pasaje!

Si pensamos en ello, en realidad Proverbios 3:5-6 es un compromiso por parte de Dios. Aquí no hay espejismos. Estamos hablando nada menos que de Dios. "¿Hay para Dios alguna cosa difícil?" (Gn. 18:14). Puede gestionar todo lo que usted encuentre en su camino, y con una mano atada a la espalda. Una manera habitual de expresar esto es diciendo: *Dios tiene el control.* El término doctrinal para este concepto es "soberanía". Todo creyente debería estar tan familiarizado con este término como lo está con respirar.

La soberanía

Hace poco mi padre me envió un correo electrónico estupendo. Al final escribió: "Estaré orando por ti y por los tuyos en todos los frentes que conozco, y por supuesto en otros frentes de los que no sé nada, pero Dios mi Padre los conoce con todo detalle, y los tiene sometidos a su control soberano". Luego añadió: "He estado meditando toda la semana en el salmo 103. Todo mi cariño. Besos, Papá".

Mi padre es un gran creyente. Entiende bien la soberanía de Dios. Desde mi último libro, *When Life Is Hard* [Cuando la vida es dura], mi madre, a quien se lo dediqué, acabó su batalla con la esclerosis lateral amiotrófica, y se fue al cielo. Durante los últimos días de aquel mal trago, doloroso y debilitador, mi padre fue como una roca. Mi padre permaneció firme sobre la Palabra de Dios mientras veía cómo mi madre perdía el habla, su capacidad de tragar, de moverse, hasta que al final solo podía comunicarse pestañeando. Mientras la que fue esposa durante 54 años padecía enormemente, él se apoyó en una convicción profundamente arraigada sobre la soberanía de Dios. Confiaba en que la voluntad de Dios era lo mejor para él y para su esposa. Esa fe calma, deslumbrante, fue una fortaleza para todos.

Si desea consolar su propio corazón y además disponer de algo que ofrecer a otro creyente, debe entender la doctrina bíblica de la soberanía de Dios. Da lo mismo lo que suceda o se interponga en el camino, tenemos a un Dios que tiene el control absoluto; eso es lo que significa la soberanía.

Ahora bien, ¿hasta qué punto serían buenas las promesas

de Dios si tuviéramos que esperar a ver si realmente podía cumplirlas? Dios nunca promete más de lo que puede ni cumple menos de lo que debe. Nunca lo ha hecho. ¿Por qué? Porque para Él no hay nada demasiado difícil. Puede hacerlo todo; tiene el control absoluto.

Dios es soberano sobre el universo

Usted pregunta: *Dios tiene el control… ¿de qué? ¿Qué quiere decir con "control absoluto"?* Esta es una de esas preguntas típicas que formulan las personas que, en realidad, no están listas para recibir una respuesta. Sin duda es un tema que la Biblia aborda plenamente. En Hechos 17, Pablo predicaba a algunos filósofos en Atenas, Grecia. En los versículos 24-25, dijo: "El Dios que hizo el mundo y todas las cosas que en él hay, siendo Señor del cielo y de la tierra, no habita en templos hechos por manos humanas". Dios no vive en los edificios de nuestras iglesias. No se pasa toda la semana dentro de ellas, mientras usted se dedica a sus quehaceres. "No habita en templos hechos por manos humanas, ni es honrado por manos de hombres, como si necesitase de algo; pues él es quien da a todos vida y aliento y todas las cosas". Puede que la inmensa extensión del universo provoque en nosotros una profunda humildad, pero Dios conoce cada rincón, grieta, agujero negro y galaxia. Las creó todas, y gestiona hasta la parte más diminuta de todo eso.

Dios es soberano sobre la humanidad

Ahora, respire hondo. Inspire… espire… La capacidad de poder respirar es un don de Dios. Piense en los miles de latidos que le han mantenido vivo hasta el momento; ¿no se alegra de no haber tenido que ordenar a su corazón, ni una sola vez, que se contraiga?

Siguiendo en Hechos 17, el versículo 28 dice: "Porque en él vivimos, y nos movemos, y somos". Si retrocedemos al versículo 26, leemos: "Y de una sangre [Adán] ha hecho todo el linaje de los hombres, para que habiten sobre toda la faz de la tierra; y les ha prefijado el orden de los tiempos, y los límites de su habitación". Por tanto, Dios es el Señor de los países; Señor de las razas; Señor de los gobiernos. Y tiene un propósito con el que nos ha hecho para que vivamos en este mundo: "para que busquen a Dios, si en alguna manera, palpando, puedan hallarle, aunque ciertamente no está lejos de cada uno de nosotros… Porque linaje suyo somos" (vv. 27-28). Pablo encontró, en la propia literatura ateniense, ¡una admisión de la soberanía de Dios!

Usted no puede inventar quién es Dios. Siempre me entristezco cuando oigo decir a la gente: "Bueno, para mí Dios es… tal y tal cosa". Ya se ha salido del camino. Esta premisa es irrelevante. Dios es quien es sin importar lo que uno piensa. "Siendo, pues, linaje de Dios, no debemos pensar que la Divinidad sea semejante a oro, o plata, o piedra, escultura de arte y de imaginación de hombres", dice Pablo en el versículo 29. Usted dirá: "Pues mire, eso no lo sabía. ¿Quiere decir que Dios no tiene que ser lo que yo imagino que es?". En una sola palabra: *No*. "Pero Dios, habiendo pasado por alto los tiempos de esta ignorancia, ahora manda a todos los hombres en todo lugar, que se arrepientan; por cuanto ha establecido un día en el cual juzgará al mundo con justicia, por aquel varón a quien designó [Jesucristo], dando fe a todos con haberle levantado de los muerto" (vv. 30-31). La venida, muerte y resurrección de Jesús levantaron sin duda el listón del arrepentimiento para toda la humanidad. Al final, Dios ejercerá su soberanía mediante el juicio.

Dios tiene el control hasta el punto de que gobierna el universo con los pies sobre la mesa. No está estresado ni nervioso en ningún sentido. No pasea de un lado para otro. No tiene que enjugarse el sudor de la frente. No hay problema mundial que no pueda abarcar. Dios es infinito. Podría haber hecho el universo mil millones de veces más complejo de lo que es. Es Dios, y es soberano.

Esta verdad subyace en todas y cada una de las promesas de Dios. Puede estar presente con nosotros porque es soberano. Puede escuchar todas nuestras oraciones al mismo tiempo porque es soberano. ¡Cuántos miles de personas estuvieron anoche de rodillas, recién levantadas de la cama, clamando a Dios, y las oyó *a todas y a cada una* al mismo tiempo. ¿Por qué? Porque es Dios, y Él es soberano.

Efesios 1:11 dice que Dios determina "todas las cosas según el designio de su voluntad". Podemos esperar que las cosas sucedan, pero Dios *hace* que sucedan. Hacemos nuestras pequeñas tareas todo lo rápidamente que podemos, porque tenemos miedo de no poder hacerlas mañana. Dios ni siquiera *piensa* en cosas así. Hace que sucedan en su momento, todas las veces, con facilidad.

Dios es soberano sobre nuestra rebelión

¿Se acuerda de Jonás? Dios le dijo algo así: *Irás a Nínive para transmitir mi mensaje.* Y Jonás respondió: *Pues no voy a ir ni tampoco a predicar.* La resistencia de Jonás fue tan intensa que en lugar de ir al este (donde Dios le había dicho que fuera) se subió a un barco que iba al oeste. Por tanto, de repente, "Jehová hizo levantar un gran viento del mar" (Jon. 1:4). De hecho, en hebreo, esto significa literalmente que Dios *lanzó* la tormenta contra él. La actitud de Dios fue: "Así que te vas por ese camino, ¿no? Bueno, pues a ver qué te parece este obstáculo". De repente, todos los que iban a bordo del barco sintieron miedo por sus vidas. Jonás admitió que él era la causa de la tormenta, y la tripulación le hizo caminar por la plancha. Pero, ¿había Dios acabado ya con él? *No.*

En Jonás 1:17 leemos: "Jehová tenía preparado un gran pez que tragase a Jonás". Jonás oró al Señor desde el vientre del pez, que vomitó al profeta en tierra firme. Jonás apenas había puesto los pies en el suelo cuando ya los estaba moviendo en la dirección que Dios le había indicado antes, hacia Nínive, donde debía llamar a los habitantes al arrepentimiento.

Al final, a pesar de la actuación decepcionante del profeta, Dios provocó un avivamiento generalizado entre aquel pueblo malvado. Pero Jonás prefirió desanimarse y deprimirse porque no creía que los ninivitas merecieran la misericordia de Dios. Supongo que hacía falta algo más que tres días dentro de un pez para vaciar el corazón de Jonás de orgullo y de rebelión. De hecho, Jonás se enfadó tanto que dijo: "Ahora pues, oh Jehová, te ruego que me quites la vida; porque mejor me es la muerte que la vida" (Jon. 4:3). ¡Eso sí que fue una rabieta! Y Dios, con su amor tierno, respondió preguntándole: "¿Haces bien en enojarte tanto?" (4:4). Entonces "preparó Jehová Dios una calabacera, la cual creció sobre Jonás para que hiciese sombra sobre su cabeza, y le librase de su malestar" (4:6). Pero, ¡ay!, Dios también envió un gusano que taladrase la planta, de modo que murió. ¡Jonás se enfadó mucho más! Entonces el Señor vino a él y le dijo: "¿Tanto te enojas por la calabacera? Y él respondió: Mucho me enojo, hasta la muerte" (Jon. 4:9). ¿En serio, Jonás? Sin embargo, el Señor fue tan tierno y cariñoso con él que persiguió su corazón como lo había hecho con las personas de Nínive. Dios es soberano sobre la rebelión.

Dios es soberano sobre el pecado

Cuando usted elige pecar, o cuando el pecado de las personas en su vida le afecta, Dios también es soberano sobre eso. Piense en José. Dios le había otorgado grandes sueños para su vida, pero los actos pecaminosos de sus hermanos parecieron distanciarle de ellos. Si recuerda, los hermanos de José le engañaron, le golpearon, le desnudaron y le vendieron como esclavo a los egipcios. (Puede leer la historia de José, empezando en Génesis 37).

La historia de José hizo muchos quiebros. Acabó en Egipto, intentando honrar a Dios con su vida; intentando confiar en el Señor; tomando decisiones por fe; no fiándose de su propia sabiduría. Pero incluso entonces, fue maltratado, acusado injustamente y arrojado a una celda. Parecía que sus días hubieran concluido, pero entonces, una vez más, Dios tuvo el control.

Años más tarde, aún en la cárcel, José trabajaba duro, confiando en el Señor, creyendo todavía que los caminos de Dios eran los mejores, y sin apoyarse en la sabiduría humana… y parecía que, por fin, iba a llegar una situación mejor. Pero esta vez fueron sus nuevos amigos quienes le traicionaron. Se olvidaron de él, sujeto en la mazmorra, y una vez más su futuro parecía incierto. Cada capítulo en la historia de José ¡parece acabar en un pozo! Pero entonces Dios intervino, y demostró con un detalle asombroso cómo es soberano sobre los pecados de los hermanos de José, sus falsos acusadores y sus amigos traicioneros.

Al final, José fue elevado a una posición de autoridad en una tierra extranjera. Incluso el faraón reconoció la mano de Dios sobre la vida de José, y dijo a sus siervos: "¿Acaso hallaremos a otro hombre como éste, en quien esté el espíritu de Dios?" (Gn. 41:38). Sucedió que, en el momento que Dios eligió, los hermanos de José se presentaron ante él con las manos extendidas, pidiendo pan. Nadie excepto Dios podría haber orquestado una historia con tantos giros imprevistos. Se puede imaginar lo aterrados que debieron sentirse los hermanos de José cuando se dieron cuenta de que aquel ante quien se inclinaban era el "hermanito" a quien tanto maltrataron unos años antes. Pero José conocía la soberanía de Dios. Les miró a los ojos y les dijo: "Es verdad que ustedes pensaron hacerme mal, pero Dios transformó ese mal en bien" (Gn. 50:20,

NVI). Esta es una verdad impresionante: ¡Dios puede usar incluso el pecado de otras personas para cumplir sus propósitos en nuestra vida!

Dios es soberano sobre los acontecimientos mundiales

La historia de Ester es otro testimonio increíble sobre cómo dirige Dios la historia. El autor, al relatar este suceso histórico bajo inspiración divina, optó por no mencionar el nombre de Dios. Pero no se pierda la impronta del Señor sobre todos los acontecimientos; dispuso a las personas y a las circunstancias de tal modo que su pueblo no fuera destruido, y para cumplir sus propósitos.

Este episodio de proporciones épicas en la vida real nos muestra cómo Dios vence al mal. El instrumento de Satanás fue un hombre llamado Amán, el cual, como no es de extrañar, odiaba al pueblo de Dios. Aprovechó su poder y su influencia sobre el rey, y conspiró para legalizar un plan que aniquilaría a los judíos. Estos se hallaban indefensos ante la ley, de no ser porque, dentro de los planes de Dios, figuraban dos judíos que se interpusieron en los planes de Amán. El primero fue Mardoqueo, quien mostró su fidelidad al no ceder terreno, e hizo que Amán se enfureciese. El segundo fue Ester, la sobrina de Mardoqueo. Puede leer los detalles en el libro de la Biblia titulado Ester.

Ester fue elegida para formar parte del harén del rey, y gracias a su belleza, un don de Dios, fue nombrada reina. Pero guardó en secreto su origen judío. Cuando el complot asesino de Amán se convirtió en ley, Mardoqueo entendió de inmediato el plan de Dios, y apeló a Ester para que esta defendiera a su pueblo, influyendo en el rey. Pero cuando Ester vaciló, temiendo las repercusiones si el rey no la recibía bien, Mardoqueo le dio una gran lección sobre la soberanía de Dios. Le dijo: "No te imagines que por estar en la casa del rey serás la única que escape con vida de entre todos los judíos. Si ahora te quedas absolutamente callada, de otra parte vendrán el alivio y la liberación para los judíos, pero tú y la familia de tu padre perecerán" (Est. 4:13-14a, NVI). *Dios se saldrá con la suya. Si tú no lo haces, encontrará a alguien dispuesto.* Da lo mismo lo que suceda: se cumplirán los propósitos de Dios.

Mardoqueo siguió diciendo: "¿Y quién sabe si para esta hora has llegado al reino?" (Est. 4:14b). Todos los sucesos trágicos en la vida de Ester, todo lo que hubo de soportar, la llevaron a ese lugar de la historia. Dios sabía lo que hacía.

Esta verdad, ¿le habla a usted hoy? Contemple su vida pasada desde el punto en que se encuentra hoy. ¿Ve la mano soberana de Dios dirigiendo las circunstancias y los sucesos de los años pasados? Nada de lo que han hecho otros ha podido frustrar el plan de Dios para su vida. Ninguna circunstancia, cercana o lejana, puede alterar lo que Dios se propone hacer. De hecho, los acontecimientos que le han frustrado, le han herido y han estropeado sus planes, pueden ser las partes más importantes para los planes que Dios tiene para usted, incluso más evidentes que sus bendiciones. Plantéese reevaluar sus recuerdos dolorosos a la luz de la soberanía de Dios. ¿Qué ha estado produciendo Él en usted a lo largo del camino?

Proverbios 16:33 afirma el control de Dios cuando dice: "La suerte se echa en el regazo; mas de Jehová es la decisión de ella".

Podemos confiar en la soberanía de Dios

Volvamos a Hebreos 6:18 para hallar nuevos ánimos: "para que por dos cosas inmutables, en las cuales es imposible que Dios mienta, tengamos un fortísimo consuelo los que hemos acudido para asirnos de la esperanza puesta delante de nosotros". Esta vez sigamos leyendo el versículo 19: "la cual tenemos como segura y firme ancla del alma".

¡Cielo santo! Léalo de nuevo. Tenemos un refugio. Tenemos un punto de anclaje para nuestra alma. Cuando las olas son muy altas, y el viento gélido le azota con fuerza el rostro, y usted no sabe qué pasará, tiene un ancla. Tiene la seguridad de que Dios tiene el control, y le ha hecho ciertas promesas. No sabe cuándo se cumplirán, pero puede estar seguro de que lo harán. Este tipo de seguridad calmará su corazón de inmediato.

Confíe en Dios de todo corazón. No se fíe de su propia prudencia. Niéguese a sacar conclusiones del aspecto que tiene ahora mismo la vida. En lugar de eso, reconózcale en todos sus caminos, y él enderezará sus veredas.

Padre, gracias por ser capaz de cumplir lo que me concierne hoy (Sal. 138:8). *Puedes hacer las cosas abundantemente mejor de lo que pedimos o entendemos* (Ef. 3:20). *Puedes hacerlo porque eres soberano. No hay nada demasiado difícil para ti. Sigue grabando en mi corazón la realidad de que debo caminar por fe. Creo lo que dice tu Palabra, que has hecho promesas grandísimas y preciosas. Sella estas promesas en mi corazón. No permitas que el enemigo arrebate esta semilla que has sembrado, sino permite que mi vida refleje la estabilidad de saber que Tú ves, conoces y obras a mi favor. Gracias por tener el control. En el nombre poderoso de Jesús, amén.*

GUÁRDELO EN SU CORAZÓN

Las promesas de Dios son una garantía que Él da a su pueblo para que puedan caminar por fe mientras esperan que Él obre.

Lea el Salmo 37. ¿Qué garantías de las promesas de Dios ve en este salmo? ¿De qué modo las diversas maneras aquí descritas en que Dios protege a su pueblo y provee para él fortalecen su fe en su carácter?

Medite sobre las instrucciones del Salmo 37:1-7. ¿Cómo le ayudan a caminar desde el día en que entiende la promesa de Dios, pasando por los días de la fe, y llegando hasta el momento en que Él la cumple? Para cada una de ellas, identifique al menos un área concreta en su vida donde ese mandamiento sea aplicable ahora mismo.

- *No te impacientes a causa de los malignos, ni tengas envidia de los que hacen iniquidad* (v. 1).
- *Confía en Jehová, y haz el bien; y habitarás en la tierra, y te apacentarás de la verdad* (v. 3).
- *Deléitate asimismo en Jehová, y él te concederá las peticiones de tu corazón* (v. 4).
- *Encomienda a Jehová tu camino, y confía en él; y él hará* (v. 5).
- *Guarda silencio ante Jehová, y espera en él* (v. 7).

APRÉNDALO DE MEMORIA
Proverbios 3:5-6

Fíate de Jehová de todo tu corazón, y no te apoyes en tu propia prudencia. Reconócelo en todos tus caminos, y él enderezará tus veredas.

TEOLOGÍA DE UNA PROMESA

Dios quiere que pongamos a prueba sus promesas.

Como pastor, he tenido un acceso cercano y personal a cientos de bodas. Podría contarle todo tipo de historias al respecto, episodios divertidos, emotivos o trágicos. Lo que todos tienen en común es la promesa que se hacen mutuamente el novio y la novia, sus votos. Con sus propias palabras y a su manera, las bodas se centran en las promesas:

Para bien o para mal, en la riqueza y en la pobreza, en la salud y en la enfermedad, hasta que la muerte nos separe.

Los jóvenes pronuncian estas palabras con mirada emocionada, y suenan nobles y grandiosas. Pregunte a cualquier persona que lleve casada más de un mes y le dirá que esas promesas son muy difíciles de mantener. Uno quiere ser fiel a ellas, pero tiene la esperanza sincera de que nunca le pongan a prueba.

Usted promete *para lo bueno y para lo malo*, pero, ¿qué es lo que espera? *¡Lo bueno!*

Promete *en la riqueza y en la pobreza*, pero tiene la esperanza que haya más de la primera que de la segunda.

Promete *en la salud y en la enfermedad*, pero lo que quiere decir es: "Bueno, espero que no te enfermes pero, si llegara el caso, intentaré estar a tu lado".

Usted no quiere que llegue ninguna de esas pruebas, pero si llega, está dispuesto a afrontarla: ha dado su palabra.

Ha hecho una promesa.

Es en este punto donde somos diferentes de Dios. Él ya sabe cuáles serán las dificultades, ¡pero aún así promete! *Espera* que usted acabará en una encrucijada donde *tendrá* que apoyarse en Él; donde *deberá* descansar en sus promesas; y donde *estará dispuesto* a reclamarlas, aferrarse a ellas y atesorarlas en su corazón. Dios *quiere* claramente que ponga a prueba sus promesas.

Esta semana estaba en mi estudio cuando tuve una de esas experiencias reveladoras. Fue como si oyera por primera vez que *Dios quiere que ponga a prueba sus promesas.* Quiere que camine por donde el hielo es delgado, donde aúlla el viento, y que experimente cómo Él me sostiene.

Dios no solo quiere que ponga usted a prueba sus promesas, sino que ordena las circunstancias de su vida de tal manera que *tendrá* que confiar en Él. Cada persona que conoce al Señor y le ama pasará por momentos en que no tendrá otra opción que poner a prueba las promesas de Dios. Él se asegurará de que llegue esa crisis.

El Salmo 119:140 dice: "Sumamente pura es tu palabra, y la ama tu siervo". No me gusta tanto el hecho de tener que poner a prueba sus promesas como el hecho de que Dios *quiere* que le ponga a prueba. Está tan firme y confiado en su compromiso conmigo que dice: *Adelante, ¡ponme a prueba!* Y cada vez que le pruebo, me demuestra que es fiel.

Las promesas de Dios nunca fallan

Para demostrar esta afirmación, hagamos otro viaje por las Escrituras buscando pruebas de solo algunas de las veces en que Dios ha cumplido con creces una promesa que hizo:

Prueba 1: Los hijos de Israel en el desierto, Josué 21:45
Después de que los hijos de Israel salieran de Egipto,

vagaran por el desierto y acabaran conquistando la Tierra Prometida, Josué 21:45 da testimonio de que: "No faltó palabra de todas las buenas promesas que Jehová había hecho a la casa de Israel; todo se cumplió".

- Cuarenta años de desierto, cinco millones de personas a las que proteger y a las que cuidar: *hecho*.
- ¿Cuántas promesas de Dios fallaron? Ni una sola.
- ¿Cuántas se cumplieron? Todas ellas.

Entre Egipto y Jericó, Dios garantizó que todas las promesas fueran sometidas a prueba. Ellos debían confiar en todo lo que Él dijo, y todas y cada una de sus palabras demostró ser cierta. Dios se aseguró de ello.

Prueba 2: Salomón en el templo, 1 Reyes 8:56

Dos siglos más tarde, cuando Israel ya estaba en la Tierra Prometida, Salomón dedicó el templo, y una vez más afirmó las promesas de Dios. 1 Reyes 8:56 dice: "Bendito sea Jehová, que ha dado paz a su pueblo Israel, conforme a todo lo que él había dicho; ninguna palabra de todas sus promesas que expresó por Moisés su siervo, ha faltado".

- ¿Cuántas de sus palabras no se cumplieron? *¡Ni una!*
- Cada sílaba que Dios pronunció se cumplió.

Salomón miró atrás y confirmó que no hubo un solo caso en que alguien pudiera decir: *Vaya, pues eso no acabó saliendo como Él había dicho.* La historia se desarrolló exactamente como Dios dijo que lo haría. Dios lo hizo todo de tal manera que su pueblo tuviera que ponerle a prueba, y "ninguna palabra… ha faltado".

Prueba 3: Mi vida y la suya, Deuteronomio 11:26-28

Llevo predicando más de veinte años, y nunca he dicho esto hasta ahora: mi vida es una prueba de la Palabra de Dios. La de usted, también. Se está desarrollando un experimento cósmico en el que participamos todos. ¿Es cierta la Palabra de Dios? ¿Ha demostrado su veracidad en su vida?

- Si usted obedece, será bendecido. Su vida es una prueba de esa promesa.
- Si desobedece, padecerá las consecuencias. Su vida es una prueba de esa realidad.

En su totalidad, la Palabra de Dios es un puñado de promesas y de consecuencias. Dios dice en Deuteronomio 11:26-28: "Hoy les doy a elegir entre la bendición y la maldición: bendición, si obedecen los mandamientos que yo, el Señor su Dios, hoy les mando obedecer; maldición, si desobedecen los mandamientos del Señor su Dios" (NVI). De una u otra manera, demostramos la Palabra de Dios. Siempre ha sido así.

Las Escrituras están en juego ahora mismo en su vida. Ya sea mediante un resultado u otro, la Palabra de Dios demostrará su verdad en su vida.

El Salmo 33:11 ofrece esta tremenda afirmación: "El consejo de Jehová permanecerá para siempre; los pensamientos de su corazón por todas las generaciones". Isaías 40:8 nos dice que las personas somos como la hierba del campo. Nos marchitamos y morimos como las flores silvestres de la temporada anterior, "mas la palabra del Dios nuestro permanece para siempre". Vendrán los hijos y los nietos, pero la Palabra de Dios seguirá vigente. Otras generaciones demostrarán las promesas o los juicios de Dios, como lo hacen nuestras vidas.

Crea las promesas: sea bendecido. Desobedezca los mandamientos: sufra las consecuencias.

Nuestras vidas son la prueba de la Palabra de Dios.

Pero, ¿es que no se nos dice "no pongáis a prueba a Dios"?
A ver, James, nos dice que Dios nos invita a poner a prueba sus promesas, pero, ¿acaso no le dice Jesús a Satanás

en *Mateo 4:7 que "no tentarás al Señor tu Dios"? ¿Qué* significa *eso?*

Es una buena pregunta, y me alegro de tener ocasión de clarificarla. La advertencia de Jesús de que no pongamos a prueba a Dios significa dos cosas:

1. No actuemos mal y esperemos que luego Dios nos libre de las consecuencias.

En Mateo 4, Satanás tentaba a Jesús para que saltase desde lo más alto del templo, para ver si Dios enviaba a sus ángeles para que le atrapasen en el aire. Eso parece más propio de unos colegiales que del Hijo de Dios. Si Jesús hubiera caído en esa trampa de Satanás, no solo habría cometido un acto temerario, sino que de hecho ¡habría manifestado sus dudas sobre su propia identidad! El desafío del diablo fue "si eres el Hijo de Dios…". Jesús no se sintió tentado a demostrar algo que ya sabía.

Algunas personas toman una de las promesas de Dios y la llevan al límite. Tomemos, por ejemplo, su promesa de satisfacer nuestras necesidades en Filipenses 4:19: "Así que mi Dios les proveerá de todo lo que necesiten, conforme a las gloriosas riquezas que tiene en Cristo Jesús" (NVI). Dios promete que, cuando le busquemos antes que a nada (Mt. 6:33), nunca nos faltarán las provisiones básicas de la vida: alimento, refugio y vestido. De una u otra manera, Dios se cuidará de eso. Algunas personas desvirtúan esta promesa y dicen: "Muy bien, entonces vamos a vender la casa. Repartamos todo nuestro dinero. Quememos el coche y vayamos a sentarnos en un campo. ¡Cuida de mí *ahora*, Dios!". Jesús decía: *No actúe neciamente y luego espere que Dios le saque del apuro.*

A lo mejor usted se pregunta *si realmente hay gente que haga esto.* Ojalá pudiéramos preguntárselo a Madeline Kara Neumann, una niña de once años de Wisconsin, pero no podemos, porque está muerta. Padecía lo que debería haber sido un tipo de diabetes que podía tratarse fácilmente, pero sus padres decidieron orar por ella antes que recurrir al tratamiento médico. Cuando no mejoró solo con oraciones, pidieron a más personas que orasen por ella. El jefe de policía informó que cuando llegaron a casa de Madeline tras su muerte, su madre decía que esperaban que Dios la resucitaría. ¡Qué trágico!

No actúe neciamente y espere luego que Dios le saque del apuro. ¿Es importante la oración? Por supuesto que sí. Pero haga todo lo que *usted* pueda y luego confíe en que Dios hará lo que usted no puede hacer. Cada día de la semana, durante casi cuarenta años, Dios alimentó milagrosamente a su pueblo con maná, ¡pero ellos tenían que salir al desierto a recogerlo!

2. No actúe voluntariamente y provoque a Dios para que le juzgue por rebelde y por ingrato.

Cuando Jesús respondió a Satanás en Mateo 4, citó Deuteronomio 6:16: "No pongas a prueba al Señor tu Dios, como lo hiciste en Masá" (nvi).

¿Qué sucedió en Masá? La palabra "masá" se traduce como "prueba". Es un lugar importante que se menciona en Éxodo 17. Dios había sacado de Egipto a los hijos de Israel, librándolos de la esclavitud, y apartándolos de todo mal. Les alimentó cada día con el pan del cielo. Sin embargo, un día el pueblo se despertó y se puso frenético porque temporalmente les faltaba agua. Moisés temió por su vida cuando el pueblo se volvió contra Dios. Sacudieron los puños y dijeron: "¡Eres malo, Dios! No podemos fiarnos de ti. ¡Nos sacaste al desierto para matarnos, a menos que nos des agua ahora mismo!".

Permítame una advertencia: *nunca* haga eso. No pase por alto todas las cosas buenas que Dios ha hecho por usted, no se vuelva rebelde e ingrato y se queje diciendo: "Si no arreglas esta situación, es que no eres Dios. Significa que no te importo". No apueste todo a una sola carta y exija a Dios que actúe de inmediato. Cuando lo intentamos, no dependemos de Dios, sino que intentamos demostrar cuánta influencia tenemos sobre Él. Dar órdenes a Dios no va a conseguir que cambien las circunstancias en que usted está inmerso.

Nunca diga nada como: "Bueno, si realmente hay un Dios, que me mate ahora mismo si puede". Si sigue vivo dentro de cinco minutos quizá piense que no ha pasado nada, pero no sabe lo que le espera más adelante por haber puesto a Dios a prueba indignamente.

No haga que Dios diga ¡Basta ya!

Hace poco leí otra historia del fracaso moral de un ministro de culto. Era un pastor asociado en el personal de una iglesia que cree en la Biblia y predica el evangelio. Como es lógico, el personal se sintió muy conmocionado por el pecado de su compañero de trabajo. El pastor de la iglesia es un buen amigo mío, y le dije por teléfono: "Dios quería que esto saliera a la luz. No quiere que el pecado esté encubierto y oculto. Lo saca a la luz para que pueda solventarse, por muy doloroso que resulte".

Trágicamente, hace más de veinte años, esa misma iglesia tuvo un pastor que le fue infiel a su esposa con varias mujeres. Cuando todo salió a la luz, se negó a arrepentirse e incluso a admitir su pecado, lo cual dividió a la iglesia.

Todo lo bueno que Dios hizo por aquel hombre no bastó para llevarle al arrepentimiento. Un día, aquel hombre sano y en forma estaba corriendo para entrenarse y se desplomó, muerto. Algo reventó en su cerebro, y Dios se lo llevó. Parece que Dios dijo: *¡Basta ya!*

No ponga a Dios en esa situación. No le provoque con ingratitud y rebelión. No actúe neciamente y espere que Él le libre de las consecuencias. Esto es lo que significa "no pongas a prueba al Señor tu Dios" (NVI). Es evidente que no significa "no ponga a prueba las promesas de Dios". Dios quiere que experimentemos en persona que lo que promete es cierto.

Pruebe las promesas de Dios

En la ciudad donde me crié había un parque que tenía un gran lago rodeado de cientos de acres de pinos. En invierno, mis hermanos y yo patinábamos en el lago helado. A menos que usted viva en un país frío, puede que no sepa que los lagos siempre se hielan desde el centro y hacia afuera. El hielo más grueso está en el centro, y el más delgado cerca de la orilla. Cuando el hielo empieza a derretirse, puede que alrededor del lago ya haya agua, pero el centro aún puede sostenerle.

Muy bien, pues siempre queríamos patinar durante todo el tiempo que pudiéramos en la temporada invernal. De modo que, cuando el clima empezaba a caldearse, experimentábamos con el hielo. Intentábamos saltar por encima de la franja de agua con trozos de hielo de la parte exterior y aterrizar lejos de la orilla; nos calzábamos los patines y ¡a disfrutar! Usábamos la misma técnica para salir del hielo: saltábamos por encima del agua para llegar a tierra firme. Para conseguir semejante hazaña acabé mojado más de una vez. En la orilla no había mucha profundidad, pero uno nunca podía saber exactamente qué parte del hielo aguantaría su peso.

Pensemos ahora en las promesas de Dios. Él quiere que salgamos al hielo y probemos su Palabra. Quiere que estemos seguros, por propia experiencia, de que su Palabra nos sostendrá. Quiere que nuestras vidas descansen sobre sus promesas. Es probable que, si mantenemos un pie firmemente asentado en la orilla mientras el otro, precavido, intenta afirmarse en las promesas, acabemos con los pies mojados. Usted nunca podrá saber con seguridad qué le sustentó, si el pie que tenía en la orilla, donde residían su propio entendimiento y sus recursos, o el que estaba en el hielo, donde lo único que soporta su peso son las promesas de Dios. Él quiere que creamos sus promesas, dependamos de ellas, salgamos al hielo y patinemos.

"¿De verdad estarás a mi lado, Dios? ¿Tengo razón al no sentir miedo?" *¡Sí, estoy contigo! No debes sentir temor.*

"¿Es cierto que no tengo por qué dudar, porque tú tienes el control?" *Sí, es cierto.*

Estas son las promesas de Dios.

Repasemos nuestra teología de las promesas hasta el momento:

- Por su propia naturaleza, Dios promete.
- Dios cumple todas sus promesas.
- Ahora, Dios quiere que usted ponga a prueba sus promesas.

Cuanto más avanza por la vida, más profundo puede ser su amor por el Señor.

Usted prueba sus promesas y descubre que Dios es bueno y fiel.

Él sabe lo que hace. Es digno de cada instante de confianza.

DIOS ES SIEMPRE BUENO
(No desesperaré)

Y sabemos que a los que aman a Dios, todas las cosas les ayudan a bien, esto es, a los que conforme a su propósito son llamados. Romanos 8:28

Con esta tercera promesa llegamos a un nivel de compromiso más profundo por nuestra parte: no desesperaré, porque Dios es siempre bueno. Da igual cuál sea el grado de nuestra necesidad; Dios tiene una promesa que cubre esa necesidad con creces. Esto se debe a que, por usar la imagen de nuestra nota teológica, a veces la vida nos ofrece la diversión de patinar sobre el hielo, y otras nos plantea el miedo de que el hielo se rompa bajo nuestros pies.

La promesa 1 nos dice "Dios está conmigo", y casi suscita la pregunta: *Muy bien. Lo entiendo. Está conmigo, pero, ¿qué hace?* La promesa 2 nos asegura que Dios tiene el control. *De acuerdo, muy bien. Dios dirige la canoa y yo voy delante, a los remos, pero… ¡un momento! ¡Si vamos hacia la catarata!* Y es entonces cuando necesitamos la promesa 3: Dios es siempre bueno.

Con esta tercera promesa, llegamos al corazón de Dios. No solo está conmigo; no solo es soberano y ordena las circunstancias de mi vida, sino que Dios es bueno. La bondad de Dios es la red de seguridad definitiva bajo todas las experiencias de la vida. Da lo mismo a qué se enfrente hoy; pronto verá, dirá y cantará, que "Dios es muy bueno".

La bondad de Dios está plasmada por todas las Escrituras. El Salmo 27:13 dice: "Hubiera yo desmayado, si no creyese que veré la bondad de Jehová en la tierra de los vivientes". Me encanta la honestidad de David. Este fue un hombre calificado como "varón conforme a su corazón [el de Dios]" (1 S. 13:14); ungido por Samuel para ser rey de Israel, matador de gigantes, pero familiarizado con el sufrimiento, y nos dice: "Hubiera perdido todo, me hubiera venido abajo de no haber creído que…"

La desolación de la desesperanza

La desesperanza es un lugar que usted no quiere que *nadie* visite. Ni siquiera desea que lo frecuenten las personas que no le gustan. Las personas que llegan a ese lugar no suelen volver. La desesperanza es un lugar de oscuridad total y duradero.

Cuando era un niño, nuestra familia pasaba las vacaciones de verano viajando por todo Canadá y los Estados Unidos, remolcando con nuestro vehículo una autocaravana. Uno de los lugares que recuerdo claramente que visitamos fueron las cuevas de Carlsbad. Recuerdo que fuimos descendiendo a pie, siempre bajando, bajando, hasta los túneles más profundos, más de 480 metros bajo tierra. Cuanto más bajábamos, más oscuro y húmedo era el túnel. Aunque por encima de nosotros se extendía el desierto de Nuevo Méjico, allí abajo hacía tanto frío y humedad que nos alegramos de llevar un suéter. Recuerdo que pensé en el miedo que tendría si fallaba la electricidad y desaparecía la luz artificial y la circulación del aire mientras estábamos en lo más hondo de las cavernas.

Esta es la imagen que me viene a la mente cuando pienso en la desesperanza. Es la consciencia aplastante de estar muy abajo, en una cueva húmeda y oscura, lejos de la luz del sol y del calor. Sin luz, sin aire, sin esperanza, solo. Nadie quiere visitar la desesperanza.

Un diccionario define este concepto como "privación de expectativas positivas". Si usted está desesperado, no logrará ver nada positivo en su futuro.

No se le ocurre cómo podría mejorar su vida.

No tiene palabras con las que orar.

No puede recordar un tiempo mejor, porque no existe. El recuerdo o el lugar ha desaparecido.

No puede eliminar las circunstancias, porque la oportunidad se ha desvanecido.

No puede recuperar ningún grado de relación personal, porque la persona ya se ha ido.

No puede arreglar la situación, porque ya ha pasado el momento.

Si se centra en la oscuridad, en la profundidad y en la humedad, es que sigue un rumbo descendente hacia la desesperanza.

Los acelerantes para la desesperanza

Quizá sea cosa de hombres, pero me gusta mucho hacer barbacoas. Ahora tenemos una barbacoa de gas, pero en cierto sentido echo de menos los días del carbón, sobre todo por aquel líquido volátil que uno vertía sobre las piedras. Desde que era un niño me ha gustado nebulizarlo sobre el carbón, echar una cerilla y, ¡pfffff!, brotaban las llamas. Es muy lógico que le llamen "acelerante". Una pequeña lengua de fuego se convierte en una hoguera casi de inmediato. Bueno, pues ahí hay una lección. Le hablaré de tres cosas que son acelerantes para la desesperanza. Vigile estos tres elementos:

Sorpresa: *No lo vi venir. Todo iba muy bien y, de repente, ¡PAM! Me noquearon.* Un ataque cardíaco. Un accidente de automóvil. Una traición… y de repente, la vida se pone al revés. No hay tiempo para sujetarse: la sorpresa le llevará rápidamente a la desesperanza.

Gravedad: Usted no se desespera por una multa de tráfico. Ni siquiera se desesperaría por perder un empleo, pero es muy probable que le desespere la pérdida de una carrera que amaba: el pianista que pierde agilidad en los dedos; el pintor que pierde vista; el atleta que pierde movilidad; el profesor que pierde la voz; o cualquier otra cosa, como un padre que pierde a un hijo. Una pérdida grave es una invitación a desesperarse.

Convencimiento: La desesperanza llega a la conclusión de que algo malo es irreversible. Ya ha pasado la oportunidad. Se ha acabado la relación. El tren ya ha salido de la estación, y no va a volver.

Aceptar cualquiera de estas tres ideas es como echar acelerante a su desesperanza. Es mejor apartarse de las llamas y enfocar el problema desde el punto de vista de Dios.

David sabía esto; escuchó la voz del tentador que le animaba a renunciar, pero en lugar de hacerlo volvió sus ojos hacia Dios: "Hubiera yo desmayado, si no creyese…" *Podría haberlo hecho, lo habría hecho, de no ser porque elijo creer en Dios.*

Aférrese a las promesas de Dios

En lugar de encender esa cerilla, David potenció su confianza en un Dios que cumple sus promesas. Usted y yo hemos de hacer lo mismo. Hemos de aferrarnos a algunas promesas. La gente dirá: *No sé cómo puede ser tan fuerte dadas las circunstancias*, y *¿Cómo puede seguir adelante con todo lo que está pasando?*

Le diré cómo: ponemos nuestra esperanza en nuestro Dios, que cumple sus promesas. Esta es nuestra misión.

Éxodo 14:13-14 dice: "Mantengan sus posiciones, que hoy mismo serán testigos de la salvación que el Señor realizará en favor de ustedes… Ustedes quédense quietos, que el Señor presentará batalla por ustedes" (NVI). Su trabajo consiste en estar en calma; no empeore la situación hablando de más. Cierre bien la boca y susténtese en las promesas.

Isaías 30:15 dice: "en la serenidad y la confianza está su fuerza" (NVI).

El Salmo 46:10 nos recuerda que "Quédense quietos, reconozcan que yo soy Dios" (NVI). Cuando usted llega a un punto en que no puede hacer nada más, debe quedarse quieto y creer. Pensamos que es el peor lugar donde se puede estar, pero a Dios le gusta que estemos allí. Cuando usted no puede hacer nada, deje que Dios lo haga todo.

"Hubiera yo desmayado, si no creyese que veré la bondad de Jehová en la tierra de los vivientes".

Fíjese bien en el Dios en quien usted confía. Fíjese en la frase "que veré". David creía que iba a ser testigo de la obra de Dios. No iba a oír hablar de ella solamente; iba a ver la bondad de Dios con sus propios ojos.

Ahora piense en la última frase del versículo: "en la tierra de los vivientes". *Voy a verlo en esta vida. ¡No se trata de tener un asiento de primera fila en el cielo! Cuando vea la bondad de Dios, aún estaré vivo y en tierra firme.*

¿Tiene usted fe para creer esto? *Voy a ver a mi hija volver a casa. Veré cómo mi cónyuge vuelve a Dios. Seré testigo de cómo mi carrera se encauza en una dirección mejor. El médico me dará un buen informe.* La vida de fe no sabe *cómo* pasará; simplemente mantiene el punto de vista de que, con Dios, ¡mi futuro está lleno de buenos resultados!

La escuela del sufrimiento

Cuando nuestro hijo Luke tenía tres años, le preguntábamos: *¿Qué quieres ser de mayor?*

Y él respondía: *¡Predicador del evangelio de Jesucristo!*

Hubo días en que tuve dudas sobre aquel sueño infantil. Incluso hubo días en que le dije que planificara cualquier otra carrera. Pero Dios ha estado obrando en su vida, y hoy día ya lo usa en el ministerio. Luke se licenció del Instituto Bíblico Moody; estamos todo lo orgullosos que se puede estar.

Pero la realidad es que son muchas las personas que se licencian de la universidad. Sin embargo, hay otra escuela a la que Luke deberá asistir muchas veces durante su caminar con Cristo. Se llama "la escuela del sufrimiento". En ella se matriculan todos los hijos de Dios; son muy pocos los que se licencian. ¡Cuántas veces he pensado que ya había acabado con esa escuela, solo para tener que volver a ella otro trimestre!

Ya le he dicho cuánto me gusta estudiar las vidas de los pastores de generaciones pasadas. Tengo muy buen concepto de A. W. Tozer. Aunque no lea otra cosa escrita por él, hay al menos dos libros que debe tener muy a mano: *La búsqueda de Dios* y *El conocimiento del Dios santo*. Le abrirán un mundo de intimidad con Dios que, quizá, nunca supo que existía. Haga un recordatorio para leer uno de estos dos libritos, ¡justo después de haber acabado de leer este!

Un día, cuando era un adolescente que regresaba a su casa del trabajo en una empresa de neumáticos, Tozer escuchó a un predicador callejero que decía: "Si no sabe cómo ser salvo, pregúnteselo a Dios". Cuando llegó a casa, subió al ático de sus padres e hizo lo que había dicho el predicador. Se sumergió en la Palabra de Dios. Cinco años después de acudir a Cristo con fe y arrepentimiento, Tozer aceptó la oferta de pastorear su primera iglesia. Esto fue el comienzo de muchos años de ministerio, treinta de ellos (de 1928 a 1959) en el sur de Chicago.

Tozer no era ajeno al sufrimiento. Dos de sus hijos resultaron heridos en la Segunda Guerra Mundial. Los miembros de su iglesia se volvieron contra él. Su propia mala salud le tenía inmovilizado durante semanas. Podría seguir y seguir. Uno de los mayores santos de Dios era un licenciado de "la escuela del sufrimiento". Pero sus experiencias de la fidelidad de Dios dan color a todo lo que escribió.

Cuando nuestra iglesia se trasladó al gran centro corporativo que nos dieron (otro testimonio impresionante de la bondad de Dios), hicimos un descubrimiento asombroso. En el cajón de un archivador, escondido bajo un montón de cajas y de basura, encontramos un fajo de papeles de seis centímetros de grosor, sujetos con gomas. Eran copias de los esbozos para sermones de los últimos diez años de vida de Tozer. No tenemos ni idea de cómo llegaron al cajón de aquel archivador. He pasado un tiempo prolongado leyendo esas hojas con las notas originales de Tozer para la predicación. Lo que veo es que la cualidad de su ministerio procedía de la profundidad de su sufrimiento. Dios lo llevó una y otra vez a esa escuela a la que nadie quiere asistir. Al mirar su vida en retrospectiva, uno se da cuenta de que las semillas del sufrimiento produjeron el fruto abundante de su trabajo.

Por tanto, estas son algunas de las cosas sobre la bondad de Dios que aprendió Tozer. Veo estas lecciones en mi propia vida, y espero que usted también las esté aprendiendo. Vamos a sobrevolar las Escrituras que se glorían en la bondad del Señor.

La bondad de Dios es algo que Él quiere que experimentemos

El Salmo 34:8 invita a que "prueben y vean que el Señor es bueno" (NVI). Yo soy un gran catador. Si alguna vez coincido con usted durante una comida, vigile su plato. Admito que me gusta probar cosas. Para mí, los amigos comparten alimentos; eso es intimidad. A veces, las personas que se muestran territoriales sobre lo que hay en sus platos se ponen recelosas cuando me ven aparecer, pero la buena noticia es que Dios aprueba por completo ese programa. Es como si dijera: "¡*Pruebe*! Guste y vea. Descubra por sí mismo que soy bueno". La bondad de Dios es algo que Él quiere que experimentemos.

La bondad de Dios es la conclusión eventual de cada generación de sus hijos

Puede que ahora no lo piense, pero si usted es uno de los hijos de Dios, tendrá que haber descubierto esto al final de su vida: Dios es bueno. Antes de que llegue su último día, de sus labios brotará un "Dios es bueno". No sé por dónde tendrá que hacerle pasar Él para llegar a ese lugar, pero al final todo su sistema de valores estará organizado de tal manera que usted diga: "El Señor hace bien todas las cosas". Todo aquello que Él permitió, todo aquello que impidió, cada mala temporada, cada circunstancia difícil, Él lo ha destinado para bien. Su disposición es de amor. Lo que Él hace por defecto es para beneficio de usted. ¡Él es bueno! ¡Y algún día usted lo gustará!

El Salmo 100:5 dice: "Porque Jehová es bueno; para siempre es su misericordia, y su verdad por todas las generaciones". Cada generación descubre la verdad: la bondad de Dios es algo que Él quiere que experimentemos. Fluye hacia nosotros como *amor inalterable* y *fidelidad*, y está presente en todo lo que hace.

La bondad de Dios está sobre todo lo que hace

El Salmo 145:9 dice: "Bueno es Jehová para con todos, y sus misericordias sobre todas sus obras". No he descubierto que Dios responda a gran velocidad a preguntas como *¿Por qué permitiste esto, Señor?* O *¿Cuándo acabará esta situación?* Pero sí creo que su misericordia o su bondad están sobre todo lo que Él hace.

Es posible que la bondad de Dios no sea evidente de inmediato

Lamentaciones 3:25 dice: "Bueno es Jehová a los que en él

esperan, al alma que le busca". Pero si usted dice "¡Tengo que comprobarlo ya mismo! Señor, tienes diez días para demostrarme que eres bueno, ¡o no quiero saber nada!", eso no acabará bien para usted. Dios no responde a las órdenes pretenciosas. No se pone a temblar y dice: *¡Vaya! Será mejor que vaya a ayudarle porque, si no, a lo mejor me rechaza*. No es así como funciona. Su calendario es correcto, pero solo podemos entenderlo una vez hayan pasado los acontecimientos. Nuestra oración debe ser: "Padre, te espero porque ¡sé que eres bueno en *lo que* haces y en *cuándo* lo haces!"

La bondad de Dios es un refugio, y Él conoce a las personas que lo encuentran

No sé lo que piensa usted de la bondad de Dios, pero Él sabe lo que usted piensa y lo que va descubriendo sobre su Persona. Nahum 1:7 dice: "Jehová es bueno, fortaleza en el día de la angustia; y conoce a los que en él confían".

Mientras Dios nos observa vivir, nos señala y dice: "Ella sí confía" o "Él no", y "Él confía un poco" o "Ella confió el jueves pasado". Conoce a quienes se toman en serio sus promesas. Demuestra la Palabra de Dios en nuestras vidas. Conoce a las personas que descansan en sus promesas, y a aquellas que se resisten a ellas. La bondad de Dios parece una *fortaleza* al enemigo que está fuera; para nosotros, que estamos dentro, es un *refugio*. *Conoce* en este versículo no solo significa *reconoce*, sino también: *Se acerca para mantener una comunión íntima cuando nos protegemos dentro de su carácter*.

Crecemos en nuestra consciencia de la bondad divina

Dick Roos fue una de las dieciocho personas que dio origen a nuestra iglesia. En aquellos primeros años teníamos mucha fe. No podíamos hacer otra cosa: no estábamos seguros de si alguien asistiría a nuestros primeros cultos.

Mirando el tamaño de la semilla no podemos saber las dimensiones del árbol que está contenido dentro.

A Dick le diagnosticaron diabetes cuando era niño. A principios de la década de 1990 se puso muy enfermo, y le hicieron un trasplante de riñón y de páncreas, pero su cuerpo no pudo adaptarse a los nuevos órganos. Durante semanas oramos con fervor que Dios le sanase; que Dios lo dejara con nosotros. En verano de 1994, mientras yo estaba trabajando en mi tesis doctoral, me comunicaron que Dick había fallecido. Era la primera vez que moría un líder importante de nuestra iglesia. Durante los días en que Dick estaba moribundo, intenté ayudar a su esposa Janet a ver la bondad de Dios, pero en aquel entonces el panorama estaba demasiado oscuro.

Por supuesto, tomé el avión de vuelta a casa para predicar en su funeral, pero recuerdo que me sentí muy insatisfecho con las palabras que tuve que decirle a aquella joven viuda. Me sentía como si tuviera que excavar en busca de palabras que tuvieran sentido, que confortasen su corazón, pero me encontrara con las manos vacías.

Un par de semanas después de que Dick se fuera al cielo, recuerdo que Janet me dijo pausadamente: "¿Sabes, James? Dios es bueno".

Pensé *¿Cómo puede decir eso?* Yo mismo aún estaba luchando con ese tema. Mi mente estaba de acuerdo con ella, pero a mi corazón le estaba costando mucho aceptar aquella situación. Sin duda, ella se dolía por la pérdida del compañero de su vida, y sin embargo era capaz de afirmar la mano misericordiosa de Dios en sus circunstancias. Su esperanza firme era tan real como su dolor, y me sentí profundamente comprometido para llevar a mi corazón a esa misma conclusión.

Con el paso de los años he llegado a entender que cuando uno sufre, tiene la cara contra la pared, y lo único que ve son ladrillos. No reconoce la bondad de Dios. A medida que pasan los años, y uno da un paso atrás y luego otro y otro, e interpone entre usted y su crisis más tiempo y espacio, empieza a distinguir el mural pintado en la pared. Al final puede darse cuenta de que su dolor formaba parte de una imagen mucho más grande que Dios pintaba con gran esmero.

Las misericordias de Dios han sido evidentes en la vida de Janet. Pasaron un par de años, y conoció y se casó con un hombre llamado Paul. Él adoptó a las dos hijas de ella, y han tenido una hija más. Son felices, están bendecidos y sirven al Señor. Ella tuvo razón al aferrarse a las promesas de Dios.

Dios tiene un plan para *su* vida. Tiene unos objetivos hacia los cuales avanza.

Cuando Dick murió, Janet dio testimonio de la bondad de Dios, pero ella dijo que en aquel momento un 98% era fe. Solo una pequeña parte de su convicción se fundamentaba en los hechos. Solo con el tiempo su fe se convirtió en vista, y sus ojos pudieron ver la bondad de las promesas divinas. Sin embargo, cuando la bondad de Dios era muy difícil de apreciar, ella siguió aceptándola por fe. Dé tiempo a su prueba, camine por fe, susténtese en sus promesas, y crea que durante su vida verá la bondad de Dios, y la verá.

Hace poco Janet me recordó el versículo que le di durante aquel valle de sombra de muerte. Cuando yo sentía que no tenía gran cosa que decir, le entregué una de mis promesas favoritas, Jeremías 29:11: "Porque yo sé muy bien los planes que tengo para ustedes —afirma el Señor—, planes de bienestar y no de calamidad, a fin de darles un futuro y una esperanza" (NVI). Resultó que, cuando yo no encontraba palabras, ¡Dios tenía mucho que decirle!

Los planes de Dios son buenos

Dios tiene algunos planes... para usted. Dios instruyó al profeta Jeremías para que escribiera este mensaje al pueblo de Israel mientras estaban exiliados en un país extranjero. Todo lo que les rodeaba era desconocido, y sus últimos recuerdos de la Tierra Prometida eran imágenes de una devastación completa. No había mucho a lo que regresar, excepto las murallas derruidas de Jerusalén y las ruinas del glorioso templo. Sin embargo, cuando estaban lejos del hogar, Dios se acercó a ellos y les dijo: "Esta situación no va a cambiar de inmediato. Pasarán un tiempo aquí, pero no los he abandonado. Esperen en Mí".

Entonces prometió en Jeremías 29:11: "Porque yo sé muy bien los planes que tengo para ustedes" (NVI). La frase "yo sé" es enfática. Viene a decir: "*Sé que conozco* los planes que tengo para ustedes, y además son unos planes muy bien meditados". ¿Duda de que Dios tenga planes para usted? Puede que esté atascado en una situación que no tiene una salida visible o discernible. *¿Cómo es posible que le lleve a un lugar mejor?*

Dios tiene un plan para *su* vida. Tiene algunos objetivos hacia los cuales avanza. Nosotros nos quedamos atrapados en el vórtice sin fondo de *¿Con quién debo casarme?* y *¿Dónde viviré?* o *¿Y qué hay de un empleo?* Pero los planes de Dios no se centran tanto en estos detalles, sino en desarrollar su carácter y hacerle asimilar la justicia que Él introduce en su vida. Dios sabe que si logra que usted la asimile, todo lo demás se arreglará solo.

Me consuela mucho saber que Dios conoce sus planes para mi vida, pero me encantaría que me diera alguna pista. ¿Sabe lo que quiero decir? *¿Puedo conocer los planes que tiene para mí? Y si Dios lo sabe, ¿por qué no me lo cuenta?* La tensión no radica en "¿Lo sabe Dios?", sino en "¡Yo quiero saberlo!". Después de todo, sé que Dios no siente ninguna tensión. Nunca se disculpa por decir "Lo sé, pero no te lo voy a decir… hasta más adelante".

Sin embargo, sí que nos da pistas. Veamos unas categorías generales que describen el plan que Dios tiene para usted.

Antes que nada, es un plan para darle "bienestar". La palabra hebrea es *shalom*, que significa "el estado completo de bienestar, plenitud, prosperidad, tranquilidad". Cuando Dios mira por el telescopio del tiempo, sus planes eternos son para el bienestar eterno que quiere que disfrute usted. Todo obrará para usted; ese es el final de su historia. Ese es el objetivo hacia el que avanza el hijo o la hija de Dios. Sin duda, usted puede estropear las cosas si insiste en hacer las cosas a su manera, pero nunca frustrará los planes de Dios. Él ve hacia dónde van las vías, ¡y se asegura de que usted llegue a la estación!

Sus planes no son "de calamidad". Si usted vive en pecado, ese no es el plan de Dios para su vida. Si alguien de su familia vive en pecado, puede decirle con toda seguridad que su forma de vivir no es lo que Dios quiere para él o ella. Las personas que están decididas a demostrar que pueden vivir yendo en contra de los planes de Dios pagarán un precio demasiado alto por su experimento. Los planes de Dios nos apartan del pecado; nuestros planes ¡nos llevan a lo más hondo de él! Nuestros planes nunca obrarán para bien; los planes de Dios siempre obran para nuestro beneficio.

Me encantan las siguientes palabras, que resumen el plan de Dios: "a fin de darles un futuro". Si usted le pidiera al Señor "Dime lo que quieres haces con mi vida", Él diría: "*Pues darte un futuro*". Piense en ello: *usted tiene futuro*, inmediato y eterno. Dios lo conoce a fondo, y es increíble.

Luego viene otra frase tremenda: "y una esperanza". ¿Qué tipo de futuro está incluido en el plan de Dios? Uno positivo, que usted puede esperar. Por eso puede tener esperanza. La definición bíblica de "esperanza" es "la expectativa confiada de algo mejor que vendrá mañana". Todos conocemos las decepciones que sentimos cuando fundamentamos nuestra expectativa en lo que podemos ofrecer nosotros u otras personas. ¡Dios nunca tendrá problemas para cumplir lo que promete! Da lo mismo lo que haya sucedido: el futuro será mejor. El plan de Dios produce esperanza en mí.

Para recordar en medio de la prueba

Todo aquel que haya transitado por un valle profundo y haya descansado en las promesas de Dios habrá asimilado, seguramente, Romanos 8:28: "Y sabemos que a los que aman a Dios, todas las cosas les ayudan a bien, esto es, a los que conforme a su propósito son llamados". Usted podría confortar a un cristiano sólo con este versículo. Simplemente, dígale: *¿Pasas por un mal momento? Romanos 8:28*, y la mayoría sabrá a qué se refiere.

¿Por qué nos consuela tanto este pasaje? Empieza con las palabras "y sabemos". No *pensamos* solamente; no *intuimos*; *sabemos*.

El verbo *saber* transmite un conocimiento empírico, del tipo que nos ofrece la vida. Usted no fue a la iglesia o a la universidad para que le explicaran esto. No tuvo que buscar la respuesta en Google. Lo sabe solo porque ha pasado por ello. Con el paso del tiempo, llega a aceptar algo que solo saben quienes aman a Dios: Él obra todo para bien. Esta es una de las promesas demostradas y claramente ciertas de la Palabra de Dios sobre su forma de trabajar.

Solamente los hijos de Dios, quienes se han apartado de su pecado y han aceptado a Cristo por fe, aquellos que aprenden cada día más a amar a Dios, entienden la gran promesa contenida en este versículo. Solo aquellos que han probado las promesas de Dios y han demostrado una vez más que Su amor es fiel lo saben. Como mencioné en la Introducción, estas promesas de Dios hicieron que mi esposa y yo pudiéramos sobrellevar los días más oscuros de nuestras vidas.

En cierta ocasión, mientras preparaba las verdades de estas páginas, me desperté de madrugada. Aunque ha habido momentos en que, en medio de esas horas nocturnas, los temores han descendido sobre mí como una nube fría, esta vez me quedé despierto en la cama, hablando con el Señor. Le dije cuánto le amaba. No me preocupé de contar ovejas; tenía una conversación íntima con mi Pastor. ¿Ha descubierto también usted que, cuantas más pruebas experimenta en la vida, más ama al Señor? Esta experiencia llegó durante el peor momento de mi vida, cuando lo único que teníamos era nuestra fe en las promesas de Dios. Entonces, cuando prueba esas promesas, usted descubre que Él es bueno y es fiel. Él está *con* usted. Dios sabe lo que hace. Es digno de cada instante de confianza.

¿Le han tomado por sorpresa las dificultades de esta vida? ¿Se pregunta hoy si Dios es bueno? Si Él no fuera a usar esa dificultad para su bienestar, no hubiera sucedido. Tuvo que aprobar todas las cosas que afectan a su vida (es soberano, ¿recuerda?). Si permitió que sucediera, lo usará para bien. Esto no quiere decir que Él lo quisiera; no es la causa del mal, pero sí la solución. Es el maestro ajedrecista que toma cada movimiento que hacemos nosotros o los demás, y planifica la siguiente jugada para asegurarse de que se cumplan sus propósitos.

Con el correr del tiempo, he llegado a darme cuenta de que lo bueno de Romanos 8:28 no es mi "pequeño mapa para la vida"; lo mejor de todo es el mapa que Dios ha trazado para el universo y el lugar que ocupo dentro de él. Estoy comprometido con los propósitos de Dios. Quiero que su voluntad se cumpla, y que su reino avance. Deseo formar parte de ese gran plan. Estar a bordo de los objetivos de Dios quiere decir que entiendo que yo no soy el centro de la historia.

Creo que Dios hace que todas las cosas ayuden para

bien de aquellos que le aman, de aquellos que son llamados conforme a su propósito.

Padre, cuando creo tu Palabra siento cómo la fe crece en mi interior. Tu Palabra es verdad. Por tu gracia, no desesperaré. Creo que veré la bondad del Señor en la tierra de los vivientes. Creo que tienes planes para mí, para mi plenitud, y no para mal. Tienes un futuro y una esperanza para mí. Creo que obras en todas las cosas para que ayuden al bienestar de aquellos que te aman. Señor, tus promesas son tremendamente grandes y preciosas para mí. Digo por fe que tú eres bueno. En el nombre de Jesús, amén.

GUÁRDELO EN SU CORAZÓN
Las promesas de Dios son una garantía que Él da a su pueblo para que puedan caminar por fe mientras esperan que Él obre.

Reviva en su mente las situaciones de su vida actual que están "en construcción". Pueden ser difíciles, desconocidas o puede que no vayan como a usted le gustaría. Son los grandes temas, esas situaciones que le impiden dormir por la noche. Teniendo en mente estas circunstancias, diga por fe:

A pesar de que hoy _____ (defina la situación), no desesperaré, porque creo que Dios es bueno y que hará que todas las cosas contribuyan a mi bienestar y a su gloria.

Para profundizar en su fe respecto a esto, escriba la siguiente declaración (incluyendo las circunstancias a las que se enfrente hoy) en una tarjeta, y deposítela en un lugar donde la vea a menudo, como su Biblia, el salpica-

dero del coche, etc. Crea que la promesa que Dios le hace
es cierta, y confiará en Él.

APRÉNDALO DE MEMORIA
Romanos 8:28

**Y sabemos que a los que aman a Dios, todas las
cosas les ayudan a bien, esto es, a los que conforme a
su propósito son llamados.**

TEOLOGÍA DE UNA PROMESA
*La fe es lo que activa las
promesas de Dios.*

Yo crecí visitando la casa de mi abuela. Solía tener en el centro de la mesa de la cocina una pequeña hogaza de pan hecha de cerámica. En este recipiente había un montoncito de tarjetas, y en aquellos pequeños rectángulos había escritas promesas de la Biblia. A veces, antes de que mi abuelo diera gracias por los alimentos, decía: "Vamos a leer una promesa", y tomando una tarjeta la leía. Yo crecí escuchando aquellas promesas, pero en realidad nunca comprendí cómo funcionaban.

No entendía el hecho de que Dios promete por naturaleza, y que toda la relación que mantiene con nosotros sigue la línea de sus promesas. Dios nos ofrece sus promesas para que logremos atravesar las circunstancias difíciles de la vida. Yo no entendía cómo funcionaban las promesas hasta que pasé por una época en que se convirtieron en mi cuerda salvavidas.

Las numerosísimas pruebas, desde mi cáncer hasta los conflictos en nuestra iglesia, pasando por las cargas pesadas que teníamos por nuestros hijos (de las que hablo en *When Life Is Hard*), fueron el crisol en el que forjamos nuestra comprensión más profunda de las promesas de Dios. Esas promesas fueron para nosotros lo que Pedro describe como "grandísimas y preciosas" (2 P. 1:4). Puede que las promesas de Dios no parezcan grandes hasta que las necesitemos.

Quizá no las consideremos preciosas hasta que se hayan probado entre el calor y la presión del sufrimiento. Hasta que pongamos todo nuestro peso sobre ellas y nos sostengan, no las entenderemos. Pero probémoslas y siempre demostrarán ser firmes. Las promesas de Dios se vuelven personales cuando las activamos por medio de la fe.

¿Quiere experimentar más de las promesas de Dios en su vida? ¿Quiere introducir en su vida las promesas de las pequeñas tarjetas sobre la mesa del desayuno? Entonces debe activarlas por medio de la fe. La fe es lo que hace que las promesas de Dios pasen de su mente a su corazón.

Si ha llegado hasta este punto del libro, entonces ya conoce tres de las grandes promesas de Dios. Adelante, repáselas. Nuestra primera promesa es *Dios está siempre conmigo*. La segunda es *Dios tiene siempre el control*. La tercera es *Dios es siempre bueno*. ¿Han supuesto alguna diferencia en su experiencia? Depende de si las ha activado por medio de la fe. No basta con saber algo; debe ponerlo en práctica.

Puede saberlo todo sobre una dieta. Puede hacer una lista de las normas e incluso escribirlas para dárselas a otra persona, pero no perderá peso a menos que usted mismo siga ese plan. Puede estar familiarizado con una pieza musical, pero no será suya hasta que la ejecute. La receta de antibióticos que le extienda un médico puede ser perfecta para su enfermedad, pero a menos que se los tome no supondrá ninguna diferencia para su salud.

Tiene que aceptar por fe las promesas de Dios. Solo entonces verá por sí mismo por qué han satisfecho a tantas generaciones de hombres y mujeres fieles que han confiado en la Palabra de Dios.

La fe es la clave

Una vez en los Evangelios se nos dice que Jesús no pudo hacer mucho en un pueblo "a causa de la incredulidad de ellos" (Mt. 13:58). ¿No sería algo horrible si lo dijeran sobre su hogar, su familia, sobre *usted*? Jesús no pudo hacer mucho en usted o por medio de usted porque no creía en Él. *Señor, ¿por qué no haces más en nuestra iglesia?* ¿Podría ser por la incredulidad de sus miembros? *¿Por qué haces que pasen cosas buenas tan a menudo en la vida de mi amigo, pero no en la mía?* ¿Será porque su amigo cree más a Dios? Tal vez sea usted candidato a la sabiduría de Santiago: "No tienen, porque no piden. Y cuando piden, no reciben porque piden con malas intenciones" (Stg. 4:2b-3a, NVI).

La fe es la clave. La fe activa las promesas de Dios. La fe no es pasiva, es una acción. No diga: *Bueno, pues estoy aquí esperando. Quizá Dios obre, o a lo mejor no.* ¿Qué va a hacer usted al respecto? Pues, *no mucho*, dice usted.

En ese momento actúa como el enfermo que necesita curarse pero que no va al médico. Eso es absurdo. Tiene que hacer lo que esté en su mano.

O como la joven que anda buscando marido pero que nunca asiste a las reuniones de adultos solteros en la iglesia. Se sienta en el sótano, orando para que aparezca el hombre de sus sueños. *Mi marido tendrá que encontrarme aquí.* Sí, no es una gran estrategia… ¡haga su parte!

O las personas que están preocupadas y quieren tener esperanza pero que nunca han leído la Biblia. Puede que la lleven consigo, que la respeten y la defiendan, pero no viven en ella. No la abren como la Palabra de vida, ni beben de ella como alguien que tiene sed en un desierto.

La próxima vez que se reúna con otros creyentes para clamar a Dios para que envíe lluvia, cuente el número de personas que han traído paraguas para volver a casa. Llevar un paraguas no obliga a Dios a enviar la lluvia, ¡pero sí indica si nuestra expectativa de que Dios actúe es muy alta o no!

Las promesas de Dios nos ofrecen esperanza. ¿Cuántas

promesas bíblicas sabe usted de memoria? ¿Cuáles de ellas tiene en la punta de la lengua?

¿Ha dicho que *no muchas*?

¡Pues entonces no me extraña que esté angustiado! ¡No es de extrañar que no tenga esperanzas! No descansa en nada que pueda soportar su peso.

¡Ponga el corazón en algunas grandísimas y preciosas promesas de Dios! Aférrese a lo que Dios ha dicho en su Palabra. Algún día se verá en una situación difícil, y el enemigo intentará derribarle, pero no tendrá éxito porque usted lleva la Palabra de Dios oculta en su corazón. Sus palabras le inundarán de coraje y llenarán de fe su vida.

Para ser real, la fe tiene que ser activa. ¿Recuerda a Naamán, en 2 Reyes 5, que tenía lepra, y Dios le ordenó que se bañara siete veces en el río Jordán, un caudal bastante sucio? Aquel hombre no esperaba que para curarse tuviera que someterse a unas circunstancias potencialmente vergonzosas. Habría pagado por un tratamiento, pero no le apetecía mucho seguir las instrucciones. Al principio estuvo furioso, pero luego, cuando siguió el plan de Dios, fue sanado. Usando la fe, hizo lo que podía hacer. Un capítulo antes, ¿se acuerda de la viuda endeudada que le pidió recipientes a su vecina donde poder guardar todo el aceite que Dios le daba para pagar a su acreedor? Tuvo fe e hizo lo que pudo. Un guerrero que se dirige a la batalla debe tomar su arma, y nosotros debemos hacer lo que podamos, lo que se nos ordene, como expresión de nuestra fe.

Convierta en actos lo que cree, y mire cómo actúa Dios. Dé un paso y descubra cómo Dios le guía. Solo cuando hayamos hecho todo lo que sabemos hacer, podremos esperar con fe a que Dios haga lo que solo Él puede hacer.

Apropiándose de las promesas de Dios

Muy bien, James, sé que Dios está conmigo, *pero ahora quiero* experimentar *sus promesas. ¿Cómo puedo* saber por mí mismo *que Dios tiene el control? ¿Cómo puedo gustar personalmente que* Dios es bueno? ¡Buenas preguntas!

Haga que las promesas de Dios se cumplan en su hogar dando estos tres pasos prácticos:

1. Tiene que saber si tiene derecho a ciertas promesas. Examine muy atentamente la Palabra de Dios. A veces no entendemos realmente lo que es hasta que la examinamos al microscopio. ¿Ha estado alguna vez leyendo la Biblia y, de repente, se le ha encendido una bombilla en la cabeza? La verdad estuvo siempre ahí, pero no la veía. Una parte de este conocimiento requiere entender la promesa dentro de su contexto. Algunas de las promesas de Dios en las Escrituras son exclusivas para determinadas situaciones y personas concretas. Por ejemplo, Dios hizo a Sansón algunas promesas que no son para usted, y da igual cómo lleve el cabello. Podría ir a muchos pasajes de la Biblia donde Dios hizo promesas concretas para circunstancias definidas, y esas promesas no son relevantes, personalmente, para usted ni para mí. Por lo tanto, tiene que preguntarse: "Esta promesa, ¿es *única* o *universal*?" Pida al Señor que le muestre: "¿Es esta promesa para mí?".

Un modo de saber si una promesa es universal es ver si Dios hace la misma promesa en otros lugares de las Escrituras. Por ejemplo, la idea de que Dios está junto a sus hijos es algo irrefutable. Dios promete en numerosas ocasiones que estará con todos sus hijos. Compruébelo usted mismo: Génesis 26:3-5, Salmos 23:4, Isaías 43:2, Mateo 28:20. ¿Lo entiende? Aprópiese de las promesas que Dios ha garantizado universalmente a sus hijos en todas las generaciones y épocas. Pida a Dios que le abra los ojos a esta verdad.

2. Debe saborear las promesas de Dios. Si quiere experimentar por sí mismo las promesas divinas, debe alimentarse de ellas con su mente. Aprenda a atesorarlas en su corazón. Permita que nutran su alma. La ley en la que

medita el sabio del Salmo 1 de día y de noche está aroma-
tizada con las promesas de Dios. Gustar y ver que el Señor
es bueno tiene mucho que ver con vivir sus promesas.

Esto es algo que me ayuda, sobre todo en mi vida
de oración. Tiene que imaginar que la promesa ya se ha
cumplido. Ya han pasado muchos años, pero nuestro
hijo Landon, que ya es universitario, estuvo a punto de
morir cuando nació. Recuerdo aquella tarde que salimos
del hospital y nos dijeron que nos despidiéramos de él,
porque seguramente "no pasará de esta noche". Mientras
estábamos sentados llorando en nuestro coche, orando
en el oscuro garaje del hospital, imaginamos que nuestras
oraciones ya habían sido respondidas. Después de pedir a
Dios que le sanara, añadimos: *Señor, vemos a Landon ya
de adulto, viviendo para ti, apasionado y elocuente, compartiendo tu Palabra. Le imaginamos por fe, bendiciendo
a otros y viviendo para tu reino. Te rogamos que sea así.*
Aquello fue en 1988, incluso antes de iniciar Harvest.
Ahora Landon trabaja eficazmente en nuestro ministerio
entre los jóvenes, da lecciones de percusión a personas con
discapacidad mental, se ha licenciado del Instituto Bíblico
Moody; Dios vio nuestra fe que esperaba una vida fruc-
tífera para nuestro hijo, y lo curó. Practique imaginando
que sus oraciones ya han sido respondidas y expresando
a Dios esa fe. Dé gracias a Dios, con fe, por lo que ya
está sucediendo. *Aunque todavía no lo veo, Señor, creo en
tu Palabra por fe. Creo que hoy día obras para responder a
esta oración. Dijiste que estarías siempre conmigo, de modo
que creo lo que me dices y acepto la respuesta por fe.* Por
supuesto, oramos conforme a la voluntad de Dios, y nos
damos cuenta de que la imagen de Dios puede ser distinta
de lo que pedimos. Asegúrese de concluir sus oraciones
de fe con una frase importante: *A pesar de todo, Señor, no
se haga mi voluntad, sino la tuya* (véase Mt. 26:39b). Al
añadir esta afirmación, usted admite que el plan de Dios

es siempre "más que todo lo que pedimos o entendemos" (Ef. 3:20).

3. *Tiene que compartir los resultados de las promesas de Dios.* Sus promesas se harán realidad para usted cuando las comparta con otras personas. *Esta es la promesa de Dios en la que descanso. Ya he experimentado su fidelidad de esta manera.* Confiese la Palabra de Dios con sus labios, siguiendo el patrón usado en Romanos 10:9 para establecer la salvación: "que si confesares con tu boca que Jesús es el Señor, y creyeres en tu corazón que Dios le levantó de los muertos, serás salvo". Comunicar la Palabra para expresar nuestra fe interior tiene poder. Diga: "La Palabra de Dios dice *esto*". "Espero en Dios para *ese* resultado." "En casa confiamos en Dios para recibir estos beneficios." Cuando agradecemos algo a Dios de antemano es menos probable que pensemos que los resultados son accidentes o coincidencias. De repente, ¡la vida estará llena de incidentes de Dios! Cuando nuestra iglesia se enfrentó a la bancarrota debido a un proyecto de construcción increíblemente difícil, yo solía pasearme por el edificio inacabado, en el que hacía meses que no trabajaba nadie, y pedirle al Señor que trascendiera nuestros errores de juicio. Confesaba mis propios errores y pedía a Dios que interviniera por amor a su obra y a su nombre. Confesaba en voz alta que aquel espacio vacío por el que caminaba debía ser una casa de salvación y un lugar donde se pudiera adorar a Jesús. "¡Justo aquí!", gritaba. "¡Que tu nombre sea exaltado!" Hoy día, esas palabras se cumplen varias veces por semana, y creo que Dios tuvo misericordia para responder a aquellas osadas oraciones, que confesaban una realidad que parecía imposible.

Si usted ha aceptado a Jesucristo como su Salvador, entonces ya ha activado por fe la mayor promesa de Dios. En el saludo de Pablo a Tito dice lo siguiente: "Pablo, siervo de Dios y apóstol de Jesucristo, conforme a la fe de los escogidos de Dios y el conocimiento de la verdad que es según la piedad, *en la esperanza de la vida eterna, la cual Dios, que no miente, prometió desde antes del principio de los siglos*" (Tit. 1:1-2, cursivas añadidas).

¿Ve la promesa? "En la esperanza de la vida eterna". Dentro de mil años todos estaremos de acuerdo en que esta promesa era la mayor: el hecho de que en Cristo tenemos el don de la vida eterna. Hoy creemos esa promesa por fe, hasta mañana, cuando la recibiremos plenamente. Detecte otra verdad en el versículo 2: "Dios, que no miente". La versión Reina-Valera Antigua dice "Dios, que no puede mentir". Dios cumple sus promesas. Una gran parte de lo que hemos estado aprendiendo sobre la teología de una promesa está contenida en esta frase: confiamos en un Dios que no puede mentir.

Dios miró desde la eternidad y le vio, y optó por extender su mano y redimirle por su propia gracia. Es difícil imaginar este grado de amor. ¡Por eso Dios no puede apartar sus ojos de usted!

A veces, la enseñanza por la radio puede parecer una calle de un único sentido. No puedo mirar los rostros de las personas que se encuentran al otro extremo de las ondas de transmisión. Pero a menudo la Internet crea una conversación bilateral. En ese medio leo acerca de unas luchas desgarradoras:

> Querido pastor James:
>
> No sé si lee las cartas que le envían a su página web, pero espero que sí. Tengo que hablar con alguien, y lo que dijo en su programa radiofónico de hoy me ha hecho pensar que tal vez pudiera ayudarme.
>
> Podría contarle lo mal que funciona mi matrimonio. Podría decirle que soy adicto al juego. Mi hijo tiene un problema de salud que requiere unos

medicamentos muy caros, y mis perspectivas laborales no pintan muy bien, y si perdemos el seguro, no sé cómo podremos cuidar de él. Los miembros de mi iglesia intentan ayudarme, pero el problema es… que no creo que haya forma de arreglar estos problemas. Anoche iba conduciendo por la autopista, y estaba lloviendo, y yo pensaba lo fácil que sería pasarme al carril del tráfico que circulaba en el otro sentido, y en cuestión de segundos todo habría acabado. Nunca antes había pensado así, y eso me asusta. La gente nunca debería saber lo desesperado que me siento.

Firmaba el correo como *Stephen*.

Dedico este capítulo a todas las personas que, como Stephen, no están seguras de poder seguir adelante.

Hasta ahora, en este estudio sobre las promesas de Dios, hemos hablado del miedo y de la duda, e incluso de los momentos de desesperación. Cuando usted desmaya, se ve sobrepasado por un problema grave que no mejorará en un par de días ni siquiera de semanas. *Desmayar* es una palabra adusta, que describe el proceso por el que una persona resbala, se hunde, abandona y pierde la batalla. La presión para desmayar es grande, y en ocasiones lo haríamos de no ser por una grandísima y preciosa promesa. Usted necesita algo más grande y más fuerte que cualquier cosa que le haga desmayar. Enfrentarse a algo abrumador complica mucho la vida. Y una vida complicada requiere promesas sólidas:

Dios observa siempre = No desmayaré.

Creo que Dios promete que, si usted camina con sus fuerzas por medio de la fe y creyendo en sus promesas, no desmayará. Isaías 43:1 es una de las promesas más preciosas para los hijos de Dios contenida en su Palabra.

Dice: "Ahora, así dice Jehová, Creador tuyo, oh Jacob, y Formador tuyo, oh Israel: No temas, porque yo te redimí; te puse nombre, mío eres tú".

Ahora bien, si queremos apropiarnos de esta promesa, hemos de entender su contexto. Lo hallamos en Isaías 42, y se trata del juicio contra el pueblo de Dios. Fueron desobedientes, rebeldes, y Dios se cansó de su actitud. El Señor les dejó sentir todo el peso de la basura que habían acumulado por no confiar en Él.

Si lee todo el capítulo, verá el fracaso del pueblo y su consiguiente caída: "Sordos, oíd, y vosotros, ciegos, mirad para ver... todos ellos [están] atrapados en cavernas y escondidos en cárceles" (vv. 18, 22). En el versículo 24, Isaías pregunta: "¿Quién dio a Jacob en botín, y entregó a Israel a saqueadores?". Y entonces responde mediante otra pregunta: "¿No fue Jehová, contra quien pecamos? No quisieron andar en sus caminos, ni oyeron su ley". El versículo 25 sigue diciendo: "Por tanto, derramó sobre él el ardor de su ira, y fuerza de guerra; le puso fuego por todas partes, pero no entendió; y le consumió, mas no hizo caso". Por medio de Isaías, Dios declaró: *Yo soy quien apiló todas estas desgracias sobre ustedes, y aun así no lo entienden.*

Este es el trasfondo para el consuelo que empieza en el primer versículo de Isaías 43: "Ahora, así dice Jehová, Creador tuyo, oh Jacob, y Formador tuyo, oh Israel: No temas, porque yo te redimí; te puse nombre, mío eres tú". Conocer la desesperación de la situación de Israel nos ayuda a comprender el valor inmensurable de la promesa de Dios.

El Redentor que nos acompaña

Redención es una de las mayores palabras en cualquier idioma. Vemos su aplicación más gloriosa en la cruz de Jesucristo. Antes de que Dios interrumpiera su vida, usted era un esclavo del pecado y no tenía escapatoria. Tenía una deuda que no podía pagar, ni siquiera parcialmente, o con el paso del tiempo. Estaba en bancarrota moral, ética y espiritual. Estaba condenado a pudrirse en la cárcel del acreedor, para siempre. Pero Cristo apareció y le redimió. Pagó su deuda, pagó el precio de modo que usted pudiera ser puesto en libertad.

No tengas miedo, le dice Dios. *Tienes el peor problema imaginable, que exige el sacrificio más grande imaginable, y yo me encargué de ello.* Viene a ser algo así: usted posibilitó que su hijo estudiara en la universidad. Pagó su matrícula, y le ayudó más de lo que merecía. Por tanto, hoy se encuentra ultimando los detalles de su fiesta de graduación de mañana por la noche, cuando él aparece y le dice "No me voy a licenciar".

"¡¿Cómo?!".

"No, debo veinte dólares por mis libros, y me han dicho que no me puedo licenciar."

Así que usted abre la cartera, le da el billete y le dice: "Hijo, después de todo por lo que hemos pasado, ¿no crees que también podemos hacer esto?"

Eso es lo que dice Dios. *¿Crees que todo ha acabado porque tienes algunos problemas? Yo te redimí. ¿Qué no voy a hacer por ti ahora? ¡No temas!*

Los pequeños problemas nos parecen grandes, pero no somos Dios.

Está con nosotros a través de las aguas

¿Preparado para la grandísima y preciosa promesa de Dios? El versículo 2 dice: "Cuando pases por las aguas, yo estaré contigo". En este caso, las "aguas" simbolizan una prueba. Por si caminar por un valle no es lo bastante malo, ahora se enfrenta a una inundación. El agua sube rápidamente. Usted clama a Dios: "¡Es demasiado profunda! ¡Me hundo!".

¿Qué dice Dios en la primera parte de esta grandísima y preciosa promesa? "Cuando pases por las aguas, yo estaré contigo." *No dejaré que pases a solas por esto.* "Y si por los ríos, no te anegarán". *Puede que sean profundos, pero nunca lo serán demasiado.* Es posible que usted piense: "¡Socorro! ¡Ya me cubre la cabeza! En nuestro hogar llevamos más de un año caminando entre el agua". Muy bien, ¿y quién les está sosteniendo? Yo lo sé: ¡es el Señor! Él está con usted. El mayor tesoro en este versículo es la promesa de su presencia. Promete que *estará con nosotros* en tres lugares: *por las aguas… por los ríos… por el fuego.*

Dios nos hace pasar por momentos difíciles, pero nos ayuda a salir de ellos. Emergemos al otro lado.

En demasiadas ocasiones buscamos maneras de *rodear* las aguas profundas y los incendios peligrosos, en lugar de *atravesarlos.* ¿Ha tenido alguna vez esta experiencia? ¿Ha intentado eludir una prueba, solo para ver cómo se le ponía delante otra vez? Ese es Dios que le detiene, que le corta el paso. Le dice que *debe atravesarlo porque es allí donde le encontrará.*

Pastorear una iglesia durante casi veinticinco años nos lleva a muchas encrucijadas: el despido amargo de un trabajador, la traición de un amigo, una profunda decepción cuando se descubre una hipocresía y uno se pregunta cuántos más estarán mintiendo. A menudo, en estas épocas de adversidad, una carta o una llamada telefónica ofrecerá un nuevo comienzo en una iglesia en vaya a saber dónde. En ese momento, la tentación de "empezar de cero" es muy fuerte, pero creo que perseverar en el mismo lugar con las mismas personas ha sido el instrumento de mi santificación. Pasar por la prueba nos trae la presencia de Dios de un modo más profundo, y siempre es mejor que buscar un camino para huir.

Pasarás por esto…

La locución adverbial *a través* está estrechamente relacionada con el término *hebreo,* la etnia de los hijos de Israel.

Ellos son los que pasan *a través*. En virtud de nuestra herencia espiritual, nosotros también somos esos hijos; somos los hijos de Dios. Somos aquellos que pasan *a través*. Algunas personas se meten en cosas de las que nunca salen. ¡Nosotros no! Dios nos hace pasar por lugares difíciles, pero nos ayuda a atravesarlas. Salimos al otro lado.

Esto es lo que dice la Palabra de Dios a alguien que esté leyendo esto. *Pasarás por esto superándolo. No serás abatido.* "Cuando pases por el fuego, no te quemarás." Sí, es cierto que hará calor, pero nunca *demasiado*. Usted no sufrirá quemaduras.

Él está con nosotros en el fuego

A veces la Biblia ofrece la mejor ilustración de su propio mensaje. ¿Recuerda a los tres amigos de Daniel, Sadrac, Mesac y Abed-nego, de Daniel 3? Se pusieron de parte de Dios en un momento muy complicado. Se negaron a inclinarse y a adorar a una imagen de oro que el rey Nabucodonosor, un rey malhumorado y malvado, había erigido de sí mismo. Mostraron respeto hacia el rey, pero se manifestaron inflexibles en lo tocante a su fidelidad última hacia Dios. ¿Y cuál fue la consecuencia a la que les enfrentó su "desobediencia"? Nabucodonosor se enfureció y ordenó que llevasen ante él a los tres hombres. Les dijo: "Porque si no la adoran, inmediatamente serán echados en un horno de fuego ardiente" (v. 15). Luego preguntó: "¿Y qué dios será el que los libre de mis manos?" (nvi). ¡Gran pregunta! Supongo que Nabucodonosor no tenía esa información privilegiada.

"Sadrac, Mesac y Abed-nego respondieron al rey Nabucodonosor, diciendo: No es necesario que te respondamos sobre este asunto". ¿No es genial? ¡Qué confianza! *No vamos a discutir esta cuestión con usted, señor. Pero sabemos quién es Dios, y usted no lo es.* "He aquí nuestro Dios a quien servimos puede librarnos del horno de fuego ardiendo; y de tu mano, oh rey, nos librará. Y si no, sepas, oh rey, que no serviremos a tus dioses, ni tampoco adoraremos la estatua que has levantado" (vv. 16-18). *Incluso aunque no salgamos vivos de esta, nos consideraremos a salvo, señor. Con el debido respeto, su majestad, muertos o vivos, no serviremos a vuestros dioses ni adoraremos su estatua.*

Está claro que Nabucodonosor estaba acostumbrado a salirse con la suya. Los dos versículos siguientes nos dicen: "Entonces Nabucodonosor se llenó de ira… y ordenó que el horno se calentase siete veces más de lo acostumbrado. Y mandó a hombres muy vigorosos que tenía en su ejército, que atasen a Sadrac, Mesac y Abed-nego, para echarlos en el horno de fuego ardiendo". Y eso hicieron. Dios podría haber impedido que los verdugos cumplieran la orden del rey, pero no lo hizo.

Y esto es lo que pasó a continuación: "Y como la orden del rey era apremiante, y lo habían calentado mucho, la llama del fuego mató a aquellos que habían alzado a Sadrac, Mesac y Abed-nego. Y estos tres varones, Sadrac, Mesac y Abed-nego, cayeron atados dentro del horno de fuego ardiendo".

"Entonces el rey Nabucodonosor se espantó, y se levantó apresuradamente y dijo a los de su consejo: ¿No echaron a tres varones atados dentro del fuego? … He aquí yo veo cuatro varones sueltos, que se pasean en medio del fuego sin sufrir ningún daño; y el aspecto del cuarto es semejante a hijo de los dioses" (vv. 22, 25). Es una escena *sobrecogedora*. Jesucristo preencarnado, la segunda Persona de la Trinidad, estaba *con* ellos, como había prometido.

"Entonces Nabucodonosor se acercó a la puerta del horno de fuego ardiendo, y dijo: Sadrac, Mesac y Abed-nego, siervos del Dios Altísimo, salid y venid. Entonces Sadrac, Mesac y Abed-nego salieron de en medio del fuego. Y se juntaron los sátrapas, los gobernadores, los capitanes y los consejeros del rey, para mirar a estos varones, cómo el fuego no había tenido poder alguno sobre sus cuerpos, ni aun el cabello de sus cabezas se había quemado; sus ropas estaban intactas, y ni siquiera olor de fuego tenían. Entonces Nabucodonosor dijo: Bendito sea el Dios de ellos, de Sadrac, Mesac y Abed-nego, que envió su ángel y libró a sus siervos que confiaron en él" (vv. 26-28). Como aquellos tres hombres habían dado crédito a Dios de antemano, el rey no tuvo ninguna duda sobre quién les había librado de su mano.

Este relato verídico de Daniel 3 me ayuda a comprender mejor Isaías 43:2: "Cuando pases por el fuego, no te quemarás, ni la llama arderá en ti".

Dios le ve donde usted está

Ahora bien, si usted está pensando: *Sí, es una historia sorprendente. ¡Pero ellos están en la Biblia y yo vivo en Peoria!*

Tiene que saber que Dios le ve también a usted. No se pierde ni un detalle de su vida. Escucha sus conversaciones con su cónyuge. Conoce su economía, y también los temores que no cuenta a nadie. También controla la profundidad del agua; vigila de cerca el calor del fuego. Le suministra las fuerzas que usted necesita para soportar justo en aquel minuto en que usted siente que ya no puede seguir adelante. En ese instante, Dios observa su vida y, en determinado momento de esa prueba, dirá: *Basta ya*. Usted no tiene por qué desmayar.

Por eso necesita esta cuarta promesa: *Dios está observando*. El problema es que si usted tiene un concepto erróneo de la atención de Dios seguramente esto no le entusiasmará. Puede que se pregunte qué está observando exactamente Dios cuando estudia su vida.

Formas equivocadas de entender la mirada de Dios
Algunas personas creen que Dios las mira como un pariente resentido. Hace poco Kathy y yo asistimos a la boda de

una chica estupenda de nuestra iglesia. Fue realmente espectacular. La novia y su padre llegaron en una carroza tirada por caballos, y sus rostros brillaban de alegría. La ceremonia fue preciosa, y todos nos reunimos para enviar a la novia y a su pareja a su viaje de luna de miel, a Hawái. Mientras aplaudíamos, nos reíamos y les deseábamos lo mejor, yo estaba de pie junto a la tía-abuela de la novia. La oí quejarse a su marido: "No me puedo creer que se vayan a Hawái. ¡Son muy jóvenes! No les hace falta ir a Hawái. *Yo* nunca he estado en Hawái".

Algunas personas creen que Dios es así. Nunca le gusta nada bueno que le pase a usted. Pero escuche esta expresión de regocijo que leemos en Sofonías 3:17: "Jehová… se gozará sobre ti con alegría". Dios está en la parte delantera de la galería, aplaudiendo todo lo bueno que sucede en su vida. Frente a cada decisión correcta que toma, cada bendición que recibe y en la que se complace, Dios sacude una bandera y canta de alegría. *No* es un pariente resentido.

Algunas personas piensan que Dios nos vigila como un halcón tras su presa. Allí está, trazando círculos a 3.000 metros de altura, espiándole. Espera hasta que usted manifieste cualquier vulnerabilidad y… ¡ya está! Cae como una flecha para agarrarle por el cuello en cuanto usted piensa o hace algo mal. Salga de la fila y está perdido. Pero Dios no es así. Romanos 8:1 hace esta gran promesa: "Ahora, pues, ninguna condenación hay para los que están en Cristo Jesús". El Salmo 103:14 nos asegura que "él conoce nuestra condición; se acuerda de que somos polvo". Dios conoce los retos a los que se enfrenta usted. Le ha entregado su Espíritu, y en su Palabra tiene todo lo que necesita para alcanzar la victoria. No tiene que caminar por ahí como si pisara huevos. Dios le ama. Dios quiere bendecirle y derramar sobre usted su amor, ¡llenando su vida de cosas buenas! ¡Confiar en las promesas de Dios conduce a una vida de valentía!

Algunas personas creen que Dios nos vigila como un viejo cascarrabias. En la iglesia a la que asistí cuando era pequeño, había un palco que rodeaba todo el auditorio. La Sra. Martin siempre se sentaba en aquel palco y me observaba. Lo sé porque, cada vez que hacía algo que no estaba bien, allí estaba ella, agitando el dedo en mi dirección. *No, James, no.*

Ahora me siento mal al escribir eso, porque la primera vez que prediqué en mi iglesia yo tenía dieciocho años, y la Sra. Martin me escribió una carta encantadora, dándome las gracias y pidiendo a Dios que usara mi vida. A medida que uno crece, ve a la gente de otra manera, ¿verdad? Pero quizás usted se encuentre atascado en su visión de Dios como líder cascarrabias de una iglesia. Tal vez alguna experiencia difícil en su pasado le haya convencido de que a Dios nunca le gustan del todo las decisiones que toma usted. Pero Dios tampoco es así.

El Salmo 31:8 dice: "Pusiste mis pies en lugar espacioso". Yendo con Dios, usted no corre peligro de caerse de la cornisa. Tome decisiones correctas, pero tómelas para honrar a Dios, no porque crea erróneamente que Dios es una persona gruñona y rencorosa, a quien usted no le cae nada bien.

Algunas personas creen que Dios es como un jefe irascible. Imaginan que oyen decir a Dios: *Haz lo que te digo y deja de malgastar mi tiempo. ¡Vuelve al trabajo! Quédate más tiempo, trabaja más duro… ¡nunca es suficiente!* Pero no es así como trabaja Dios, ni mucho menos. Cuando Él le observa lo hace con el interés más amante, generoso, amable y benevolente por su bienestar.

De vez en cuando, en Harvest Bible Chapel celebramos un culto especial el domingo, cuando el coro de los niños canta al Señor. Como cantan tan sumamente bien, sus padres compiten entre sí para sacar la foto de sus hijos. Cada nota, cada matiz, quedan capturados en vídeo. Por lo que respecta a mamá y a papá, su hijo o su hija es el único que canta en aquel coro. Lo único que oyen es la música majestuosa que emite su querido niño. Los ojos amantes de estos padres están pegados a su precioso hijo, con una mezcla de orgullo y de alegría emocionada. *Dios le ama así.* No deje que las personas raras de la iglesia, el jefe dominante del trabajo o alguien de su pasado le lleve a entender mal la verdad maravillosa de que Dios le observa con un amor paternal perfecto. 1 Juan 4:16 dice: "Y nosotros hemos conocido y creído el amor que Dios tiene para con nosotros". ¿Y usted?

Los ojos del Señor

Una y otra vez, la Biblia habla de "los ojos del Señor" que están sobre nosotros. *¿Qué significa esto?*

1. *Los ojos del Señor son ineludibles.* Proverbios 5:21 nos dice que "Porque los caminos del hombre están ante los ojos de Jehová, y él considera todas sus veredas". Proverbios 15:3 dice: "Los ojos de Jehová están en todo lugar, mirando a los malos y a los buenos". Dios lo ve todo, porque lo observa todo.

2. *Los ojos del Señor son sinónimo de lo que es bueno y verdadero.* En Deuteronomio 6:18 leemos: "Y haz lo recto y bueno ante los ojos de Jehová, para que te vaya bien". En el Antiguo Testamento, leemos acerca de un rey que "hizo lo correcto a los ojos del Señor", y de líderes que "no hicieron lo que estaba bien a los ojos del Señor". *Los ojos del Señor* están constantemente sobre nosotros, y nos impulsan hacia aquello que es bueno.

3. *Los ojos del Señor están centrados y atentos en los suyos.* Imagínese por un momento su barrio, por ejemplo, desde el punto de vista de Google. Dios observa su bloque de apartamentos y sabe cuáles son las casas donde viven hijos suyos. Aunque Dios ve todo lo que sucede en su calle,

está predispuesto a fijar su atención en lo que pasa en las vidas de sus hijos, y a extendernos su cuidado amoroso. La suya no es la mirada de un ser a 10.000 metros de altura; está fija en los suyos. 1 Pedro 3:12 dice: "Porque los ojos del Señor están sobre los justos, y sus oídos atentos a sus oraciones; pero el rostro del Señor está contra aquellos que hacen el mal". Como usted ama a Cristo, Dios le presta atención de formas especiales y concretas.

4. *Los ojos del Señor buscan a personas a las que bendecir.* Dios busca a personas a las que manifestar su favor. 2 Crónicas 16:9 dice: "Porque los ojos de Jehová contemplan toda la tierra, para mostrar su poder a favor de los que tienen corazón perfecto para con él". Dios busca sin cesar a personas que quieran experimentar su fortaleza. Nunca se cansa de buscar a sus hijos entre la multitud. Busca a personas en cuyo beneficio pueda mostrar su poder.

5. *Los ojos del Señor le incitan a manifestar gracia cuando observa a una persona justa.* Génesis 6:8 dice: "Pero Noé halló gracia ante los ojos de Jehová". ¡Qué gran desafío y qué gran promesa! Espero que cuando Dios nos vea a usted y a mí, diga: *Voy a bendecir más a ese hijo mío, a esa hija mía; ¡ama a mi Hijo! Y voy a ayudarle, porque sigue mis caminos.*

¿Por qué nos observa Dios?

Muy bien, ya lo entiendo. Dios me observa; su mirada está puesta en mí. Ahora la pregunta es: ¿por qué? ¿Por qué me observa Dios? La respuesta se halla en Isaías 43:3-4: "Porque yo Jehová, Dios tuyo, el Santo de Israel, soy tu Salvador… Porque a mis ojos fuiste de gran estima, fuiste honorable, y yo te amé".

¿Recuerda que en la introducción hablamos del adjetivo "precioso" como un término valorativo? El dinero no es precioso; en el mundo hay mucho dinero. La educación no es preciosa; los necios educados casi son un proverbio. Pero las promesas de Dios son grandísimas y preciosas.

Dios le dice que "a mis ojos fuiste de gran estima". Présteme atención en esto: no soy yo quien le dice que usted es precioso. Se encontrará con todo tipo de predicadores de psicología popular que le dirán que debe pensar que es usted un ser precioso. Yo no creo que lo sea. No creo que yo lo sea tampoco. Tampoco creo que usted o yo tengamos un valor intrínseco. ¿Cuántas personas hay en el mundo, seis mil millones? Y de entre todas ellas, ¿tengo un valor especial? No, no lo creo. Lo que Dios dice es mejor que "*Usted es valioso*". Si el amor de Dios hacia nosotros dependiera de un valor que nos fuera intrínseco, ¿qué pasaría si ese valor menguase? No. Dios dice algo que supera con creces el hecho de ser valioso: declara que somos preciosos.

Precioso significa que somos valorados; Dios ha tomado la decisión de derramar su amor sobre nosotros. En casa tengo un reloj que es una de mis posesiones más preciadas. Hubo un tiempo en que perteneció a mis abuelos, que son la fuente de mi vida y de mi fe. Cuando lo oigo dar sus campanadas por la noche, mi corazón se conmueve de gratitud a Dios por mi herencia. Podría comprar fácilmente un reloj de mayor calidad y más barato, porque este no da bien la hora y de vez en cuando hay que arreglarlo. Sin embargo, para mí es extremadamente precioso debido al valor que le confiero. Para Dios somos algo así: no valiosos, sino valorados. Y dado que nuestra condición de seres preciosos empieza y acaba en Dios, nunca puede cambiar. Usted no *tiene* valor; *es valorado*. Dios le ha dado un valor que no es intrínseco a usted. Efesios 1:4 dice: "Dios nos escogió en él antes de la creación del mundo" (NVI). Su valor se fundamenta en lo que Dios ha dicho de usted. Usted no se lo ganó ni lo mereció; tampoco puede perderlo o renunciar a su derecho a él. *Dios* ha decidido su valor. Ha declarado que usted es precioso ante sus ojos.

En lugar de decir *Tengo valor*, diga esto: *Soy valorado. Soy precioso para Dios de una forma totalmente desproporcionada respecto a la persona que soy.* Esta es una verdad impresionante. Cuando Dios dice que usted es precioso, es un adjetivo valorativo. También es un adjetivo de tiempo: nadie se vuelve precioso en un instante.

Desde la fundación del mundo

Para mí, este concepto es nuevo: Dios me ha conocido desde el comienzo de los tiempos. Decidió amarme incluso desde antes de haber creado la Tierra.

El Salmo 139 me dice que, antes de que empezasen mis días, Dios los conocía. Dios me conocía íntimamente incluso mientras formaba mi cuerpo en el vientre de mi madre. Lo mismo es cierto de usted.

No es de extrañar que las Escrituras digan que usted es precioso para Él. Dios miró atrás, en la eternidad, y le *vio* y *decidió* extender su mano y redimirle por su propia gracia. Resulta difícil imaginar ese tipo de amor. Por eso no puede apartar su vista de usted, porque es "de gran estima a sus ojos, y honorable, y Él le ama" (Is. 43:4).

Ninguna prueba ni tentación le derribarán

Veamos ahora una de las promesas que nos ofrece un mayor apoyo en la Palabra de Dios. Es de esas que nos ofrecen los detalles de las amplias promesas de nuestro Padre celestial. 1 Corintios 10:13 dice: "Ustedes no han sufrido ninguna tentación que no sea común al género humano. Pero Dios es fiel, y no permitirá que ustedes sean tentados más allá de lo que puedan aguantar. Más bien, cuando llegue la tentación, él les dará también una salida a fin de que puedan resistir" (NVI). Dios le observa, y quiere que usted tenga éxito en la vida cristiana. Teniendo en cuenta el gran amor que siente y el honor que le ha conferido, ¿cree sinceramente que le permitiría pasar por más de lo que pueda soportar? No. No permitirá que las aguas le ahoguen. Evitará que el fuego le hiera. No permitirá que la tentación sea tan fuerte que le haga caer derribado.

Según el lenguaje original del Nuevo Testamento bíblico, solo existe un término para "tentación" y "prueba"; se usa el mismo vocablo griego dependiendo de la intención del pasaje. Usted podrá saber si significa "prueba" (la adversidad que Dios permite para transformarnos) o "tentación", el deseo de hacer el mal, que nunca puede originarse en Dios (Stg. 1:13).

En 1 Corintios 10:13, creo que Dios tiene en mente ambos sentidos. Dios no permitirá que en su vida haya una tentación o una prueba que usted no sea capaz de soportar.

Una vez más, la tentación es la solicitud de hacer el mal. Procede de Satanás, y va destinada a derribarle. "[Dios] no tienta a nadie", nos dice Santiago 1:13. Pero, ¿una prueba? Esto sí procede de Dios, y tiene por objeto transformar su carácter. La idea central: ninguna de las dos cosas podrá acabar con su vida.

La prueba no durará para siempre, y la superará. Dios es fiel.

Además, usted no se enfrenta a ninguna prueba o tentación que "no sea humana". ¿Ha sentido alguna vez que *Nadie pasa por lo que yo estoy pasando*? No es así. El enemigo está intentando añadir la "unicidad" a sus dificultades, para hacer que usted vacile. ¡No caiga en la trampa! En el pasado, muchísimas personas han pasado por una prueba como la suya, e incluso más personas pasarán por ella en el futuro. Nadie le ha elegido para enfrentarse a un conjunto de tentaciones hecho a medida. Seguramente se enfrenta a las habituales. Da lo mismo lo que pase bajo su techo, debería decir esto: Dios será fiel. Esposos, díganlo a sus esposas. Esposas, díganlo a sus maridos. Todo el mundo debe decirlo a sus hijos y a sus vecinos: *No sabemos qué pasará hoy en nuestro hogar, en el trabajo o en la escuela, pero deben creer que Dios será fiel. No permitirá que seamos probados más allá de nuestra capacidad de soportarlo.* Permita que esa promesa le consuele.

No vacilaré: Dios está observando. Tiene la mano puesta en el termostato. El fuego no se volverá insoportable. Observa la válvula de profundidad; esta prueba no será demasiado honda. Dios controla activamente la gravedad de todo aquello a lo que nos enfrentamos.

¿Recuerda la historia de Job? Satanás presionó su vida con una prueba tras otra, tentándole para que maldijese a Dios. El Señor permitió a Satanás hacer estragos en la vida de Job, diciendo: "He aquí, todo lo que tiene está en tu mano". Pero Dios también estableció un límite a lo que podía hacer Satanás: "solamente no pongas tu mano sobre él" (Job 1:12). Él hace lo mismo en nuestras vidas: *Hasta aquí, pero no más, Satanás*, dice Dios. *Eso es todo. Esa es mi hija, y sé hasta dónde puede soportar. Tanto no, ni allí, ni ahora.* Dios protege a los suyos. No permitirá que usted sea probado más allá de lo que pueda soportar.

Puede que piense: *¡Ya estoy siendo probado más de lo que soporto!* La verdad es que Dios le conoce mejor de lo que se conoce usted. No va a perder la vida; todo irá bien. Usted no sabe de lo que es capaz cuando se fía del poder de Dios y no del suyo propio. Saldrá de la situación de una u otra manera. Él le permite que pase por una prueba para cambiarle y glorificarse. La prueba no durará para siempre, y usted la superará. Dios es fiel. No está cansado ni tiene dudas sobre cuándo acabará la prueba. Los problemas del mundo no le agotan. Es Dios, y está vigilante.

Puede tranquilizarse pensando: *No voy a desmayar. No voy a perder la vida. Puedo seguir adelante otro día, otra semana.* Lamentaciones 3:23 promete que las misericordias de Dios son nuevas cada mañana. Usted concéntrese simplemente en superar otro día. Como dijo Jesús en Mateo 6:34: "basta a cada día su propio mal".

Otra promesa grandísima y preciosa

Cuando llegue el momento en que usted no pueda más, 1 Corintios 10:13 promete que "[Dios] dará juntamente con la tentación la salida".

Si usted ha estado pensando que *la verdad es que ahora mismo me vendría bien una salida de emergencia*, encontrará una. Con la práctica puede llegar a reconocer esas "vías de escape" cuando las vea; no cesan de aparecer. Estas son algunas vías que Dios ofrece a sus hijos cuando estos más las necesitan:

- **Dios puede acabar con la prueba ahora mismo.** Puede sacarle del fuego. *Ya basta. Ya lo has aprendido. Me he glorificado. Se acabó.* ¿Le ha pasado esto alguna vez? A mí sí. Cuando Dios se mueve, las montañas se aplanan; las inundaciones descienden, y de repente sale el sol. Persevere, y verá cómo Dios obra a su favor. Según mi experiencia, las pruebas acaban tan rápido como empiezan. El tratamiento del cáncer es un proceso largo; tres meses esperando el tratamiento seguidos de otros tres de radioterapia, y cuatro meses más de pruebas de seguimiento. Diez meses son mucho tiempo para vivir con un diagnóstico de cáncer. Yo descubrí esto en octubre, pero al cabo de poco, el siguiente julio, me dieron los últimos resultados de los hemogramas y supe que el cáncer había quedado a mis espaldas. ¡Fue tanto tiempo para luego acabar tan rápido! Esa puede ser la "vía de escape".

- ***Él puede animarle para que siga adelante.***
  Dios le enviará a algunas personas para que le animen, de modo que sepa que no está solo. Recuerdo un mes de marzo en concreto que fue el peor de mi vida. Un día tras otro me parecía que no podría seguir adelante, pero Dios me ofreció un respaldo que no había pedido, como mi vía de escape. Cada semana, como salidos de la nada, cuatro o cinco pastores amigos míos, de otras partes del país, me llamaban por teléfono. "James, llevas varios días en mi corazón, y no sé por qué. Solo quiero que sepas que te quiero y que estoy orando por ti". Sucedió cada semana, y no logro explicarlo. Nunca antes en mi vida he experimentado unas palabras de ánimo tan espontáneas, y esas llamadas y notas se convirtieron en la vía de escape que me ofreció Dios. Me di cuenta de que *no estaba solo en aquella prueba*. Fue Dios quien movió los corazones de las personas para que yo supiera que oraban por mí, y la obra de Él en sus vidas fue mi vía de escape, que evitó que me diera por vencido.

- ***Dios le da sabiduría para actuar.***
  En ocasiones, Dios nos ofrece sabiduría y dirección. Tal vez usted no sabía qué hacer, pero Dios le dio sabiduría. Le mostró una nueva manera de enfocar el problema. ¡Y aquella decisión única lo cambió todo! Recuerdo muchas pruebas en mi ministerio, con el paso de los años, que, para ser beneficiosas, dependieron de un poco de sabiduría sencilla que Dios me dio.

- **Él le da fuerzas para perseverar.**

  Hay días en que usted no cree que pueda seguir adelante. No tendrá fuerzas para enfrentarse a otra mañana en la oficina o a otra tarde junto a esa persona difícil. *Pensaba que no podría aguantar más; me resulta increíble cómo Dios me ha alentado para una nueva temporada de fidelidad. Sé que esto no pudo salir de mí.*

- **Dios le da a alguien con quien compartir la carga.**

  Me sentí muy solo hasta que Dios puso a un amigo en mi vida. Doblé una esquina. Ahora caminamos juntos por este sendero otra vez, y creo que ahora lograré seguir adelante. Cuando permitimos que otros participen de nuestras luchas, Dios bendice nuestra humildad y disipa la oscuridad mediante la seguridad consoladora de la amistad. Esto, por sí mismo, es un consuelo poderoso. A menudo Dios envía a un hermano o a una hermana que realmente *sabe*, que ha pasado por algo parecido. Más que orar por sus fuerzas, ellos le aportan un conocimiento de lo que le espera en el camino. Están más cerca que un hermano. La vía de escape puede ser alguien que haya pasado antes por ese camino.

- **Le concede unos días de descanso.**

  Conseguí irme por un tiempo. Dios me dio un oasis en medio del desierto. Esto volvió a llenar mis reservas. Incluso Jesús buscó momentos de soledad y de refrigerio. Nunca subestime el poder del silencio en la presencia de Dios, cuando Él se le aproxima como nadie más puede hacerlo. Quizá sus circunstancias cambien durante una época, y aunque usted esperaba haber salido ya de la prueba, al mirar atrás ve que Dios le estaba aliviando, dándole una vía de escape temporal para que pudiera seguir adelante.

Por supuesto, hay muchas más salidas de emergencia aparte de estas, pero basta decir que Dios no permitirá que sea tentado más de lo que pueda soportar. Él abrirá una vía de escape. No le promete ocho opciones, o seis, ni siquiera tres, pero al menos habrá una salida. Cuando la vea, ¡salga por ella! Atraviésela, sea cual sea. Podría tratarse de un helicóptero que sobrevuela sus circunstancias y desde el que alguien extiende el brazo para recogerle. ¡No se suelte! A veces Dios nos saca de algunas situaciones de formas increíbles, sobrenaturales. Otras veces nos concede unas fuerzas extra para perseverar en nuestras pruebas, pero sea como fuere, usted no desmayará, porque Dios siempre está observando. Esta es una promesa grandísima y preciosa.

Un último pensamiento. Quiero devolver el mensaje a Stephen, aquel hombre que me escribió el correo electrónico que cité al principio del capítulo. Puede leer por encima de mi hombro, si le apetece:

Querido hermano Stephen:

Gracias por escribirme. A menudo me pregunto adónde van mis palabras cuando se alejan a través de las ondas de radio. Me ha ayudado a recordar que hay personas reales que las escuchan.

Solo puedo imaginar el aspecto tenebroso que ahora mismo tiene el mundo para usted. En las últimas semanas yo mismo he experimentado un poco de semejante perspectiva sombría. Por tanto, le aseguro con las máximas confianza y convicción, que Dios le ve en su situación. No le abandonará. Le ama con amor eterno. No permitirá que se queme. No apartará de usted su vista. Hoy mismo está transformando esta prueba en algo que le convertirá en un hombre de Dios más fuerte. Usted se alegrará mucho cuando Él le revele sus propósitos.

Hasta ese día, hermano, fije su vista en Él. Ponga en Él su confianza. Hacer cualquier otra cosa solo conseguirá que tropiece y fracase, y que caiga de bruces. Haga lo que le pida Dios. Busque su vía de escape, no la que usted considere correcta. Y cuando vea la mano de Dios, tómela, suponga lo que suponga eso. Humíllese y Él le ensalzará. Descanse plenamente sobre la promesa de que Él le cuida. Dios busca a personas que quieran experimentar su fortaleza, a las que pueda mostrar su poder para beneficiarlas. ¡Creo que los dos encajamos en esta categoría!

Hasta que llegue ese día, oremos el uno por el otro; entonces podremos decir no solo con fe, sino como testimonio, que Dios nos ha conducido a buen puerto.

Su hermano en Cristo,
James
2 Corintios 4:7

Señor, hoy te doy las gracias por tu fidelidad. Estás conmigo. Tienes el control. Eres bueno. Y lo observas todo. Sabes cuándo necesito de verdad una vía de escape temporal o permanente, ¡y me la das! Es una verdad asombrosa de la que puedo depender aunque no vea la salida hasta que la necesite. No tengo que temer, independientemente de las circunstancias, porque Tú estás conmigo. Gracias por las salidas de emergencia que ya has puesto en mi vida. Hazme recordarlas cuando me sienta tentado a pensar que estoy aprisionado en una circunstancia, sin escapatoria. Contigo siempre hay una

salida, a través, alrededor o ¡por encima! ¡Qué bueno y qué fiel eres! Amén.

GUÁRDELO EN SU CORAZÓN

Las promesas de Dios son una garantía que Él da a su pueblo para que puedan caminar por fe mientras esperan que Él obre.

1. ¿Recuerda algún momento en que Dios le proporcionase una salida de emergencia, o incluso un helicóptero, como vimos en la página 131? ¿Cómo se lo ha agradecido? ¿Con quién ha compartido la historia de la intervención divina?

2. ¿Cómo le consuela el hecho de que Dios vigila hoy el viaje que usted realiza? ¿Cómo le alivia? ¿Cómo le fortalece? ¿Cómo aumenta su confianza? Piense en un ejemplo para cada categoría.

3. Como es natural, las pruebas difíciles suscitarán emociones poderosas en nuestra vida. ¿Qué aspecto tendrían hoy las circunstancias si usted optara por centrarse primero en las promesas de Dios en lugar de en cómo se siente usted? Reflexione sobre esta definición de la fe: "Creer la Palabra de Dios y actuar basándose en ella sin tener en cuenta cómo me siento, porque Dios promete un buen resultado". ¿Cómo podría expresar hoy la fe?

APRÉNDALO DE MEMORIA
1 Corintios 10:13, NVI

Ustedes no han sufrido ninguna tentación que no sea común al género humano. Pero Dios es fiel, y no permitirá que ustedes sean tentados más allá de lo que puedan aguantar. Más bien, cuando llegue la tentación, él les dará también una salida a fin de que puedan resistir.

TEOLOGÍA DE UNA PROMESA
Las promesas de Dios se experimentan en Jesucristo.

Si yo tocase la trompeta, ahora mismo la estaría sacando del estuche. Respiraría hondo y la haría sonar como un cántico de alegría. Lea 2 Corintios 1:20 y entenderá qué quiero decir:

Porque todas las promesas de Dios son en él [Jesús]. Sí, y en él Amén, por medio de nosotros, para la gloria de Dios.

Todas las promesas de Dios se experimentan en Jesucristo. ¿No le parece impresionante?

Veamos cómo aplicar esto al terreno que ya hemos cubierto:

Promesa 1: *Dios está siempre conmigo. No temeré.* Si quiere ser más concreto, es Jesucristo quien está con usted. Jesús dice en Mateo 28:19-20: "Por tanto, vayan y hagan discípulos de todas las naciones… enseñándoles a obedecer todo lo que les he mandado a ustedes. *Y les aseguro que estaré con ustedes siempre, hasta el fin del mundo*" (NVI, cursivas añadidas). ¿Quién está conmigo? ¡Es Jesucristo! Él es la promesa de Dios.

Promesa 2: *Dios tiene siempre el control. No dudaré.* Hebreos 1:3 dice que "él sustenta todas las cosas con la palabra de su poder". Es Jesucristo, el mediador de la soberanía de Dios Padre. Jesucristo es aquel que sustenta en sus manos el mundo que hizo.

Promesa 3: *Dios es siempre bueno. No desesperaré.* En

Juan 10:11, Jesús dijo: "yo soy el buen pastor". Nos dijo que contásemos con que Él haría lo que hace un buen pastor por sus ovejas.

Promesa 4: *Dios observa siempre. No desmayaré.* Colosenses 1:15-17 habla del interés atento de Jesús por todo lo que ha hecho. Jesús insufla la naturaleza de persona en el concepto de un Dios que nos mira. Cuando pensamos en las personas a las que conoció Jesús durante su vida en este mundo, no es difícil apercibirse de que cada persona con la que pasó un tiempo sintió exactamente lo que necesitaba sentir bajo la observación de Cristo. Su mirada concentrada transmite compasión. Relájese bajo la mirada vigilante de Jesús.

Y, por último, la Promesa 5: *Dios obtiene siempre la victoria. No fracasaré.*

Las Escrituras nos dicen repetidamente que Aquel que siempre sale victorioso es Jesucristo, el Guerrero poderoso. No se equivoque al respecto; Jesucristo vencerá. Algún día las nubes se abrirán y le veremos a lomos de un caballo blanco (Ap. 19:11). Apocalipsis 19:15 dice que "de su boca sale una espada aguda, para herir con ella a las naciones". Además, "sus ojos eran como llama de fuego… Estaba vestido de una ropa teñida en sangre… y él pisa el lagar del vino del furor y de la ira del Dios Todopoderoso. Y en su vestidura y en su muslo tiene escrito este nombre: REY DE REYES Y SEÑOR DE SEÑORES" (vv. 12-13, 15-16). Él pondrá orden en el mundo con gran celeridad, ¡simplemente con decir una *palabra*! Jesucristo vencerá al final.

Todo esto significa que las promesas de Dios se experimentan en Jesucristo. Romanos 11:36 dice de Él: "Porque de él, y por él, y para él, son todas las cosas". ¡Jesucristo es la Promesa de Dios!

Efesios 2:14 dice que el propio Jesús "es nuestra paz".

¿Necesita la seguridad apacible de que Dios tiene el control? Él no dispensa paz como un boticario expende una receta: "Tome esto y llámeme por la mañana". ¡Nos promete *a Sí mismo*! Jesucristo *es* la Promesa de Dios. No tiene que darle nada; Él *ES* lo necesario.

Es la presencia de Cristo la que aparta el temor.

Es la soberanía de Cristo la que nos ofrece seguridad y paz frente a las dudas.

Es la bondad de Cristo la que nos renueva cuando nos aplasta la desesperanza.

Es la vigilancia y la intervención de Cristo las que nos impiden tropezar.

Y es la victoria inevitable de Cristo la que nos garantiza que no fracasaremos.

Es imposible ser consciente de lo importante que es la promesa de Jesús a menos que lo haya experimentado personalmente. Para mi vergüenza, sé que durante muchos años no entendí esto. Ni siquiera era consciente de no entenderlo. Crecí en un hogar cristiano piadoso y fui a una iglesia que creía la Biblia, y no lo entendí. Pasé por el instituto y el seminario bíblico y mis primeros diez años de ministerio, y seguí sin entenderlo.

En 1998, estaba a un palmo de abandonar el ministerio. Durante diez años había cargado sobre mis hombros diariamente el peso de mi iglesia, resolviendo problemas y tratando con las personas. Estaba agotado, exhausto. Los ancianos, al percibir mi necesidad desesperada, me enviaron a un retiro sabático de tres meses.

En la costa sur de Francia, postrado sobre mi rostro ante el Señor, vertí mis lágrimas en la arena, y con carácter definitivo admití ante Dios que "no puedo seguir con esto".

El Señor me abordó de una manera que cambió mi vida para siempre. Me habló con mayor claridad de lo que lo haya hecho en cualquier otro momento. *James, admítelo:*

en lo relativo a la vida cristiana, has llegado al muro de la imposibilidad. Por fin estás listo para dejarme ser esa vida en ti. ¡Deja de intentarlo y de dar vueltas y vueltas! A partir de ahora, deja que me encargue yo.

Mi libro de cabecera durante aquellas semanas fue una obra poderosa titulada *The Saving Life of Christ* [La vida salvadora de Cristo]. Lo escribió el año que nací yo, 1960, el mayor W. Ian Thomas, un evangelista y fundador del Torchbearer Bible School and Conference Center. Muchas de las verdades cruciales para mi ministerio actual fueron plantadas en mi corazón y en mi mente por aquel libro y otros a los que aquél me condujo. Lo más importante de todo es que esa obra me otorgó una nueva forma de mirar el Libro de Dios.

El 12 de julio de 1998, mientras estaba en Inglaterra reflexionando sobre las ideas de Thomas, escribí esta oración al pie de una página: "¡Señor, soy tan débil! Cada día de esfuerzos fallidos por vivir una vida santa es doloroso y constituye una demostración penetrante de ese hecho. Pero hoy me vuelvo solamente a ti, como nunca lo he hecho. Cristo, vive en mí. Hoy muero por fe a mí mismo y confío, Señor, que vivas tu vida en mí".

Unas palabras sencillas, pero un punto de inflexión poderoso en mi vida. Ahora mismo alabo ante usted esta vida: la vida intercambiada. Esta sencilla verdad ha transformado por completo mi vida, y también puede hacerlo con la suya. Esta breve experiencia trascendental, y la verdad de que Cristo es el poder necesario para vivir la vida cristiana ("no yo, sino Cristo en mí"; véase Gá. 2:20), quedaron plasmadas en mi primer libro sobre el cambio, hace más de diez años.[3] Tras una década de vivir estas verdades, no me imagino atravesando un valle sin contar con ellas.

Por supuesto, todo esto lo tenemos expuesto en las

Escrituras. Todos conocemos Romanos 5:8: "Mas Dios muestra su amor para con nosotros, en que siendo aún pecadores, Cristo murió por nosotros". El versículo 10 sigue diciendo: "Porque si siendo enemigos, fuimos reconciliados con Dios por la muerte de su Hijo, mucho más, estando reconciliados, seremos salvos por su vida". Es la *vida* de Jesucristo. ¿Lo *entiende*? Murió por nuestros pecados, pero luego resucitó de los muertos para vivir su vida a través de nosotros.

Aquí tenemos una frase que, desde mi punto de vista, lo condensa todo: Dios no ha previsto que usted viva a solas su vida cristiana. La vida cristiana es *Cristo en ustedes, la esperanza de gloria* (Col. 1:27, NVI).

Esta verdad cambió mi vida. Jesucristo *es* la vida cristiana. No soy yo que actúo como Jesús. Eso no es más que religión: una actuación, un "que todos me miren", un intento de ser cristiano que se vuelve rancio, ritualista y agotador con bastante rapidez. Entonces no pasa mucho tiempo antes de que lo lancemos todo por los aires y digamos: "¡No puedo *hacer* todo esto!".

Tiene razón, pero Él nunca dijo que pudiéramos. En lugar de ello, la vida cristiana consiste en entregarse a la presencia viva de Cristo *en* mí por medio de su Espíritu. Él *es* la vida cristiana.

Recuerdo haber predicado sobre 2 Corintios 4:8-9: "que estamos atribulados en todo, mas no angustiados; en apuros, mas no desesperados; perseguidos, mas no desamparados; derribados, pero no destruidos". ¿No son unas noticias estupendas? ¡Pero no debería haberme detenido en este punto! El siguiente versículo explica cómo suceden todas estas cosas. Dice cómo es que estoy atribulado pero no angustiado; perplejo, pero no desesperado; perseguido, pero no desamparado; derribado, pero no destruido. ¿Cómo? ¡Qué despiste el mío! ¡Ni siquiera lo vi!

En 2 Corintios 4:10, el versículo siguiente, se explica cómo se hacen realidad estas maravillosas promesas. Es así: "llevando en el cuerpo siempre por todas partes la muerte de Jesús, para que también la vida de Jesús se manifieste en nuestros cuerpos".

Una vez más, como enseña Gálatas 2:20, "con Cristo estoy juntamente crucificado, y ya no vivo yo, mas vive Cristo en mí". Jesús *es* la vida cristiana. ¿Lo entiende? No es usted quien intenta complacer al Señor, o darle las gracias, o impresionarle, o ni siquiera procurar imitarle. La esencia de esta verdad es: *es Cristo en mí por su Espíritu*.

¿Por qué cree que Jesús dijo a sus discípulos en Hechos 1:4-8 que fueran a una estancia y aguardasen la venida del Espíritu Santo sin hacer *nada* más? Porque sin su Espíritu ellos carecían de valor, igual que nosotros.

Fíjese en los discípulos en los Evangelios. Eran seguidores de Cristo vacilantes, erráticos, débiles. Pero cuando el Espíritu de Dios vino sobre ellos, "trastornaron el mundo entero", dice Hechos 17:6. ¡El Espíritu de Jesucristo es el poder que usted tiene! 1 Tesalonicenses 5:16-24 ha sido muy importante para mí en este sentido.

---

1 Tesalonicenses 5:16-24, nvi

Estén siempre alegres, oren sin cesar, den gracias a Dios en toda situación, porque esta es su voluntad para ustedes en Cristo Jesús. No apaguen el Espíritu, no desprecien las profecías, sométanlo todo a prueba, aférrense a lo bueno, eviten toda clase de mal. Que Dios mismo, el Dios de paz, los santifique por completo, y conserve todo su ser —espíritu, alma y cuerpo— irreprochable para la venida de nuestro Señor Jesucristo. El que los llama es fiel, y así lo hará.

A primera vista, este pasaje parece una lista de la compra de todas las "cosas" que debemos hacer en la vida cristiana. 1. Estén siempre alegres. 2. Oren sin cesar. 3. Den gracias en todo, etc. Como un malabarista que intenta mantener todas las pelotas en el aire, quizá debamos volvernos más habilidosos en la vida cristiana, añadir más disciplinas, dedicarnos más a fondo, aumentar nuestras capacidades siempre más y más, etc.

Pero eso no es todo.

Si vamos directamente a 1 Tesalonicenses 5:24, les dice: "El que los llama es fiel, y así lo hará" (NVI). No solo me *llama* a hacerlo, sino que él lo *hace*. De nuevo, Jesucristo *es* la vida cristiana.

Aquel día en la playa, delante del Señor, me di cuenta de que hasta entonces no había comprendido esto. Si pudiera ayudarle de alguna manera a tomar un atajo y a aprender esto de mí, ¡le ahorraría muchas frustraciones! Pase ahora por la crisis y ahórrese años de luchas. Quien vive la vida cristiana es Cristo *en* usted.

Algunos dirán: "Demasiado tarde. Llevo muchos años de fracasos y de frustraciones sin entender que no era yo quien debía hacerlo, sino que Cristo lo hace en mí". Más motivos tiene para pasar por la crisis ahora mismo. De hecho, en realidad esa es la pregunta: *¿Ha pasado por una crisis en su vida en la que ha admitido que su capacidad de santificarse a sí mismo es parecida a su capacidad de salvarse?* ¿Podía salvarse solo? No, no podía. ¿Puede santificarse? Eso es: la respuesta es la misma.

Colosenses 2:6 dice: "Por eso, de la manera que recibieron a Cristo Jesús como Señor, vivan ahora en él" (NVI). La misma dependencia absoluta que usted expresó cuando se entregó al Señor (*Por favor, Señor, sálvame; no puedo hacerlo solo*) es el mismo espíritu total y quebrantado que necesita para abordar la vida cristiana. *No puedo hacerlo solo. No puedo obligarme a leer la Biblia. No puedo convencerme de aborrecer el pecado. No puedo santificarme.* La intimidad creciente, personal y dinámica con Jesús es la única esperanza para la vida cristiana. Usted no puede consolarse a sí mismo. No puede convencerse de estas promesas. Debe conectarse con Jesús y dejar que *Él* haga que tales cosas sean reales en su vida. En esto consiste todo.

Las promesas de Dios se experimentan en Jesucristo

Una vez más, si yo tocase la trompeta, ahora mismo estaría haciendo bastante ruido. Estamos en la diana de todo este libro. ¿Quiere experimentar las grandísimas y preciosas promesas de Dios? Encuéntrese en Jesucristo. ¿Se acuerda del versículo al principio de este capítulo? "Porque todas las promesas de Dios son en él Sí, y en él Amén, por medio de nosotros, para la gloria de Dios" (1 Co. 1:20).

Vuelva a mirar de cerca este versículo fenomenal. Léalo de nuevo: "Porque todas las promesas de Dios son en él Sí, y en él Amén, por medio de nosotros, para la gloria de Dios". ¿Existe algo más emocionante que señalar a Cristo y decir *¡Mírenlo! ¡Él lo es todo! ¡En Él todas las promesas encuentran su sí y su amén! ¡Sí y amén!*

Si no fuera por Jesucristo, ¿quién podría sostenerse?

Si no fuera por Jesucristo, ¿podría alguno de nosotros ser fiel?

Si no fuera por Jesucristo, ¿quién podría soportar una prueba?

Deje ya sus esfuerzos orientados a sí mismo y entregue su vida. Nada de mí, todo de Él. ¿Amén?

Las promesas de Dios se experimentan en Jesucristo. Si usted tiene paz, descansa y confía en su Palabra, ¡es una buena señal de que lo entiende! Si lucha, se preocupa y se siente agotado, es una señal evidente de que quiere dirigir la situación, cargar con todo el peso y resolverlo todo por su cuenta. Es una cosa o la otra: ¿cuál de ellas elegirá?

Jesucristo el Señor, que es todas las promesas de Dios, vencerá para siempre. He leído el Libro hasta el final, y Dios gana.

DIOS OBTIENE SIEMPRE LA VICTORIA

(No fracasaré)

"Ninguna arma forjada contra ti prosperará, y condenarás toda lengua que se levante contra ti en juicio. Esta es la herencia de los siervos de Jehová, y su salvación de mí vendrá, dijo Jehová". Isaías 54:17

Últimamente he pasado mucho tiempo pensando en las pruebas. Al final, si usted localiza en qué consistió la dificultad de la prueba, verá que era el *no saber*. El principal motivo por el que temo y dudo, desespero y vacilo es que no sé cómo acabará todo.

Reflexione conmigo. Piense en la situación que le impulsó a leer este libro, que no le deja dormir por la noche, esa cuestión que acecha siempre en las fronteras de su pensamiento y que nunca desaparece del todo. Si supiera ahora mismo, sin duda, cómo iba a acabar esa circunstancia, se sentiría bien. ¿Tengo razón? Si pudiera saber de antemano que acabará bien, podría soportar la espera. Si supiera que iba a acabar mal, podría prepararse para lo que fuera a suceder. Lo que nos lleva al límite es el *no saber*.

Un equipo de fútbol americano no se viene abajo por haber perdido unas cuantas yardas. Mientras ganen el partido, todo va bien. *¿Cómo acabará mi prueba? ¿Cuál es la puntuación final?* Eso es lo que necesito saber. Y es aquí donde entra en juego nuestra quinta y última grandísima y preciosa promesa.

Usted no está solo

Antes de abordar este asunto, admitamos que todos nosotros vivimos con cierto grado de incertidumbre. No quiero que sienta que está solo en esta lucha. Usted tiene ahora mismo cierto grado de incertidumbre en su vida; yo también vivo con algunos interrogantes en la mía.

Cómo lo hace Jeff

En nuestro personal contamos con un tipo estupendo, llamado Jeff Donaldson. Es uno de nuestros líderes eclesiales más apreciados y capaces. No solo es un comunicador fructífero y eficaz, sino que es un padre estupendo para sus cinco hijos, y está muy comprometido con la causa de Cristo.

Hace seis años, a Jeff le diagnosticaron un tumor cerebral en la pituitaria, lo cual le cambió por completo. Antes de su crisis de salud, sin duda había tenido éxito, pero desde que se recuperó le puedo decir que Jeff es una fuerza poderosa en manos de Dios.

Hace un par de semanas celebramos la "Semana del predicador joven" en nuestra iglesia, y Jeff predicó con toda su alma. Lo que nadie sabía era que sentía un tremendo dolor. Acabábamos de volver de un retiro de personal en nuestro campamento de iglesia, donde participamos en un juego del que nuestras madres hubieran dicho "es divertido hasta que alguien se hace daño". Y eso es exactamente lo que sucedió. Uno de nuestros pastores más corpulentos aprovechó su tamaño para eliminar a Jeff. Nuestro gigantón (al que también queremos) fue a parar justo encima de Jeff, dejándole sin aliento y rompiéndole un par de costillas.

Cuando Jeff volvió a su casa fue al hospital a que le

hicieran una radiografía. Luego el médico solicitó una resonancia magnética. Luego pidió más pruebas. Jeff fue al hospital buscando ayuda para sus costillas rotas, pero le dieron la noticia de que habían algunas manchas inexplicables en sus pulmones. Jeff se lo dijo a un par de personas para que orasen por el tema, pero luego esperó los resultados.

Entre tanto, predicó con todas sus fuerzas; por dentro le embargaba la incertidumbre. *¿Qué sucederá? ¿Es un cáncer? Y si lo es, ¿qué pasará? ¿Qué hay de mi esposa y de mis hijos?* Le hicieron más pruebas al lunes siguiente, y también durante el martes. El jueves me envió un correo electrónico: *Todo bien.* Las manchas eran hematomas debidos a las costillas rotas.

Si alguna vez usted ha estado enfermo, enfermo de verdad, ya sabe que cualquier visita al hospital resulta estresante. Cada prueba le agota. *¿Ha vuelto el cáncer? ¿Estaré bien esta vez?*

La salud de Jeff siempre será una incógnita para él. Nunca hará visitas rutinarias al médico, como hacen otros. Tiene que vivir con la posibilidad de que regrese su crisis de salud. Cada día tiene que aferrarse a las promesas de Dios y caminar por fe. Pero eso es exactamente lo que todos deberíamos hacer. Todos tenemos áreas de incertidumbre. Puede que su problema también sea la salud, o quizá sus preguntas sobre lo desconocido tengan que ver con un familiar. Quizá se enfrente a una crisis laboral. *No sé dónde va acabar todo esto…*

Por eso estoy tan agradecido por la promesa 5: Dios obtiene siempre la victoria; no fracasaré.

Sé cómo acaba todo esto: Dios gana. Isaías 54:17 dice: "Ninguna arma forjada contra ti prosperará, y condenarás toda lengua que se levante contra ti en juicio. Esta es la herencia de los siervos de Jehová, y su salvación de mí vendrá, dijo Jehová".

Este es uno de mis versículos favoritos de la Biblia. Dios hizo esta formidable afirmación a los israelitas tras su exilio, cuando regresaron a la tierra que Él les había prometido. Se había acabado el juicio, y llegaba la bendición. Dios les dio esta promesa y la extendió, por su gracia, a todos sus hijos.

Ninguna arma prosperará contra ti

"Ninguna arma forjada prosperará contra ti". En el idioma hebreo, "arma" significa "cualquier instrumento o utensilio usado contra una persona". Un arma es *cualquier cosa* que pueda usar alguien contra usted con un propósito maligno.

Si alguien usara su *automóvil* contra usted, "no prosperará".

Si alguien usara su *teléfono celular* contra usted, "no prosperará".

Si alguien usara su *talonario* contra usted, "no prosperará".

Nada "forjado prosperará contra ti". Nada fabricado, afilado, apuntado o disparado contra usted, su familia, su familia eclesial, el reino de Dios o su pueblo prosperará. Puede que parezca ganar durante un tiempo (puede perder un empleo; un hijo puede apartarse de Dios y perderse; incluso puede perderse una vida), pero al final incluso esas tragedias redundarán en que Dios prospere a quienes son realmente suyos.

El Señor lucha por usted

Me gusta la confianza expresada en Josué 23:10: "Uno solo de ustedes hace huir a mil enemigos". *¿Cómo iba yo a perseguir a mil personas?* Pues así: "porque el Señor pelea por ustedes, tal como lo ha prometido" (NVI). El motivo de que "ninguna arma forjada contra nosotros prospere" no es que usted sea un guerrero impresionante, ahora que va al gimnasio. Se debe a que "el Señor pelea por ustedes". Él es el Defensor de sus hijos.

Las promesas que Dios dio a su pueblo en aquel entonces siguen siendo aplicables hoy día, lo cual es impresionante. Estoy seguro de que ha escuchado las amenazas del presidente de Irán, Mahmoud Ahmadinejad. Ha dicho, entre otras cosas, que Israel "ha llegado al final de su función, y que pronto desaparecerá del panorama geográfico".[4] ¿Es eso lo que piensa? Bueno, pues yo voy a apostar mi dinero por Dios. Dios ha hecho algunas promesas sobre su protección de un Israel literal, y las cumplirá. Si quiere animar su corazón, estudie el viaje increíble del pueblo judío. A pesar de lo que Dios ha permitido que les sobrevenga, y de la ceguera que vela sus ojos durante esta época en que la Iglesia les ha sido injertada (Ro. 11), estudie cómo Dios ha protegido y preservado a Israel como pueblo. *No sé exactamente lo que sucederá, pero esto es lo que promete Dios:* "ninguna arma forjada contra ti prosperará".

El verbo "prosperar" nos da esperanza. La Nueva Traducción Viviente usa el término "triunfará". La Nueva Versión Internacional dice "prevalecerá". La idea es esta: ningún arma será definitiva. Aunque parezca que prospera, aún no hemos llegado al final. Puede ganar la batalla, pero no la guerra. Dios se toma muy en serio cuando alguien se opone o ataca a quien Él ama.

Puede que me diga: *Pero James, lo que me preocupa no son sus armas, sino sus palabras.*

Y yo puedo asegurarle que *sus palabras tampoco vencerán.* Fíjese en la frase siguiente de Isaías 54:17: "y condenarás toda lengua que se levante contra ti en juicio". ¿Alguna vez ha sido blanco de palabras hirientes por haber defendido la causa del Señor? ¿Ha sido ridiculizado en su trabajo o en su vecindario debido a su lealtad a Cristo? ¿Sabe lo que es que se burlen de usted por defender la verdad de Dios?

¿Le han reprendido por su fidelidad al programa de Dios? Si tiene que responder *no* a estas preguntas, es mala señal. Lo más probable es que signifique que las personas que le rodean no han detectado ninguna vinculación directa entre usted y Dios. Más de nosotros necesitan meditar lo que Pablo le indicó a Timoteo: "y también todos los que quieren vivir piadosamente en Cristo Jesús padecerán persecución" (2 Ti. 3:12). Si nunca nos arriesgamos por estar de parte de Cristo, nunca descubriremos la fidelidad de las promesas de Dios.

Dios promete en Isaías 54:17 que aquellos que se levanten contra usted no tendrán la última palabra. 2 Tesalonicenses 1:6 afirma que será Dios quien la tenga: "Porque es justo delante de Dios pagar con tribulación a los que os atribulan". ¿Alguien le está poniendo las cosas difíciles? ¿Se le opone? ¿Le desafía? Algún día Dios le llamará y verá a aquellos que se levantaron contra usted. Dios dirá: *¿Recuerdas todo aquello que dijeron que iba a pasar, y cómo iban a acabar las cosas? Bueno, pues todo eso ya ha pasado.* Y usted podrá decir: "Ustedes dijeron que estaba equivocado, pero la Palabra de Dios ha demostrado tener razón. No *era* una estupidez confiar en el Señor Jesucristo". Los calumniadores tendrán que callar, tras demostrarse sin género de dudas que estaban equivocados y que son condenados en justicia. Si usted ha experimentado sufrimiento a causa de otros que se oponen a usted y a la voluntad de Dios para su vida, y de quienes se rebelan contra la bendición de Dios para su familia, Isaías 54:17 es para usted.

Dios guarda un registro de todos aquellos que no se encuentran bajo su gracia y su misericordia. No se lo desee a nadie. Algún día, quienes rechazan la misericordia de Dios tendrán noticias condenatorias del Dios todopoderoso, y será usted quien las transmita: "y harás callar"; posiblemente usted dirá: *¡Pero si le he fallado al Señor de tantas maneras! No creo que merezca…* Es cierto, no lo merece. Por eso el versículo añade: "Esta es la herencia de los siervos de Jehová, *y su salvación de mí vendrá*, dijo Jehová" (cursivas añadidas). Nuestra justicia no es de nosotros, sino del Señor. Esto sucederá para la gloria de Dios. No es que usted sea alguien muy especial, sino que usted es uno de los hijos de Dios, a los que Él ama. Aunque *usted* no entienda totalmente qué significa esto, déjeme que se lo diga: Dios lo entiende. Lo tiene todo controlado. Sabe qué significa que usted sea uno de los suyos.

El enemigo se acerca y acusa: "¿Cómo mereces semejante posición?". Usted dice: "No la merezco. Mi justicia es de Cristo. *No* merezco tener este favor de Dios. *No* merezco la protección de Dios, sino que mi justicia viene de Él". Estos son el poder y la gloria del evangelio. "Y ya no vivo yo, mas vive Cristo en mí" (Gá. 2:20).

Dios obtiene siempre la victoria

¡Dios gana siempre! Romanos 16:20 nos transmite la fantástica noticia de que todo acabará así: "Muy pronto el Dios de paz aplastará a Satanás bajo los pies de ustedes" (NVI).

Hablemos primero de "cuándo pasará esto". La Biblia dice que "muy pronto". Creo que eso significa *antes de lo que piensa*. Algún día, pronto, estaremos todos en la eternidad, y nos quedaremos pasmados al ver con qué rapidez se fue la vida. Aquel día yo le encontraré, y podré decirle: *¡Ya le dije que esto llegaría pronto!* La eternidad se acerca a gran velocidad. Esta historia pronto llegará a su último capítulo, el más glorioso. Así que, cada vez que le parezca que un día se hace eterno, adopte la costumbre de orar: *Pronto, Señor, pronto.*

Ahora, hablemos de la parte que dice "aplastará a Satanás bajo los pies de ustedes". ¿Cómo quedará Satanás después de que pase esto? No muy bien. Quedará *aplastado.* Esto es increíble: Dios aplastará a Satanás bajo *sus* pies. Piense en las batallas y las luchas que ha soportado que fueron instigadas por el enemigo de su alma. Cada tentación que le asaltó, cada ataque doloroso contra su cuerpo y su espíritu, todo lo que Satanás le lanzó; y sus pies se levantarán y *le aplastarán*. Dios lo hará.

La primera promesa de la Biblia, que hallamos en Génesis 3:15, predice que Jesús tendrá la victoria final y "aplastará su cabeza". Satanás quedará inactivo, y será lanzado junto con todas sus huestes demoníacas al lago de fuego. Esta es la "segunda muerte", dice Apocalipsis 20:14.

Hoy es mi oportunidad de honrar a Dios

Cuando estaba en la escuela secundaria, practicaba atletismo. Hubo días en que la pista parecía no acabar nunca, y me parecía que no podía dar ni un paso más. Pero al cabo de una hora, miraba atrás y pensaba: *Podría haber hecho un poco más. Podría haber llegado un poco más lejos.* Todos conocemos esta sensación. Ahora participamos en la última carrera; se llama vida. Antes de que nos demos cuenta, habrá acabado. No quiero mirar atrás y decir: *Podría haber llegado más lejos en mi caminar con Dios. ¿Qué me retuvo?*

Hoy es su oportunidad de honrar a Dios. Esta es su oportunidad de demostrar la superioridad de la vida vivida en Jesucristo. ¡Ahora es el momento de no quedarse atrás!

Igual que usted, yo tengo dudas. Me preocupa mi salud. Tengo cargas en mi familia, en mi matrimonio y en mi trabajo. Paso por las mismas luchas que las personas que no conocen a Cristo. La diferencia estriba en que yo tengo al Señor. Tengo al Espíritu de Dios que vive en mí. Tengo la gracia para amar cuando me odian. Tengo la fortaleza para dar cuando alguien se aprovecha de mí. Dispongo de la capacidad sobrenatural, en mi calidad de hijo o hija de Dios, de vivir en Cristo.

Tengo las promesas de Dios.

Hoy día corro con la vista puesta en aquel día final. "Y vi un gran trono blanco y al que estaba sentado en él, de delante del cual huyeron la tierra y el cielo, y ningún lugar se encontró para ellos" (Ap. 20:11). Jesucristo el Señor, quien es en sí mismo todas las promesas de Dios, tendrá la victoria para siempre. ¡El final! He leído el final del Libro, y Dios gana.

No fracasaré: Dios obtiene siempre la victoria. Sus propósitos se cumplen siempre. Sus enemigos son derrotados siempre. Sus seguidores fieles son recompensados siempre. El trono de su Hijo estará establecido para siempre.

Las promesas de Dios son siempre ciertas.

Señor Jesucristo, ven y vive tu vida en mí. Permite que mi vida sea una demostración de la presencia viva de Cristo. Perdóname por intentar vivir mi vida con mis propias fuerzas. Ayúdame a aferrarme a estas promesas por fe. Gracias, Dios, por estar conmigo en esta empresa, mientras procuro vivir para ti, honrarte y glorificarte. Gracias por estar siempre conmigo.

GUÁRDELO EN SU CORAZÓN

Las promesas de Dios son una garantía que Él da a su pueblo para que puedan caminar por fe mientras esperan que Él obre.

Hoy, anime a alguien que esté pasando por una prueba que sea fruto del pecado de otra persona, dándole la noticia de que sabe cómo acabará la historia: ¡Dios gana!

Luego, recuerde las cinco grandísimas y preciosas promesas que hemos estudiado en este libro. ¿Sobre cuál(es) de ellas debe descansar hoy todo su peso mientras espera que Dios obre?

Promesa 1: **_Dios está siempre conmigo_**
>   No temeré.

Promesa 2: **_Dios tiene siempre el control_**
>   No dudaré.

Promesa 3: **_Dios es siempre bueno_**
>   No desesperaré.

Promesa 4: **_Dios observa siempre_**
>   No desmayaré.

Promesa 5: **_Dios obtiene siempre la victoria_**
>   No fracasaré.

¿Cuál de las verdades sobre la "teología de una promesa" debe introducir en su vida?

Por naturaleza, Dios promete.
Dios cumple todas sus promesas.
Dios quiere que pongamos a prueba sus promesas.
La fe es lo que activa las promesas de Dios.
Las promesas de Dios se experimentan en Jesucristo.

APRÉNDALO DE MEMORIA
Isaías 54:17

Ninguna arma forjada contra ti prosperará, y condenarás toda lengua que se levante contra ti en juicio. Esta es la herencia de los siervos de Jehová, y su salvación de mí vendrá, dijo Jehová.

UNA ÚLTIMA EXHORTACIÓN

Este libro tiene que acabar, pero las promesas de Dios, no. Cada una de las que hemos analizado aquí ¡pueden demostrar su veracidad en su vida! Por no mencionar que hemos elegido solo cinco de las muchas promesas de Dios que le aguardan en su Palabra. Adquiera la costumbre de subrayar las promesas de Dios cada vez que lea alguna en las Escrituras. Conozco a personas que anotan en los márgenes de sus Biblias, al lado de las promesas subrayadas de Dios, fechas importantes en las que han visto cómo esa promesa concreta ha sido cierta en sus vidas una vez más. Piense en las maneras en que Dios ha demostrado su fidelidad con usted, y cuéntelas a otros; no para quedar bien ante ellos, sino para animarles a ver la fidelidad de Dios en sus propias vidas.

¡Adelante, confíe en mí respecto a esto! Si se compromete a detectar los ejemplos concretos de las promesas de Dios cumplidas en su vida, experimentará el efecto "bola de nieve": el aumento creciente de una avalancha de bendiciones de Dios en su vida. Me sorprendo cuando cedo a grupos de creyentes "el escenario" para que cuenten sus ejemplos personales de la fidelidad de Dios en sus vidas, ¡y les veo fruncir el ceño como si las promesas de Dios fueran un fenómeno apenas visto! Si tenemos que pensar mucho para detectar las bendiciones de Dios, es porque seguramente andamos con los ojos cerrados, los oídos también, y el corazón endurecido.

Como Dios cumple sus promesas cada día que pasa, la

oportunidad de compartir lo que experimentamos debería tener el efecto de unas compuertas que se abren al pie de una presa: una explosión poderosa de alabanza y de honra a Dios por su fidelidad. Demasiados de nosotros vivimos al pie de la presa, contemplando los muros secos que se ciernen sobre nosotros, creyendo a medias los susurros que nos dicen que detrás de ella no hay nada, ¡que los muros solo encierran un vacío! Decida vivir su vida en lo alto de la presa, viendo cómo las promesas de Dios aumentan tanto el caudal que no le queda más remedio ¡que abrir las compuertas para aliviar la presión! El salmo más conocido de David tiene una línea que, lamentablemente, suele pasarse por alto: "mi copa está rebosando" (Sal. 23:5c). Esta línea llega tras una secuencia de cuatro promesas grandes y ya cumplidas. Son estas: "tú estarás conmigo" (v. 4b); "tu vara y tu cayado me infundirán aliento" (v. 4c); "aderezas mesa" (v. 5a); "unges mi cabeza con aceite" (v. 5b); ¡no es extraño que la copa de David rebose!

Usted puede vivir esta vida rebosante. Convierta en su práctica cotidiana detectar la acumulación de la fidelidad divina en el ayer y la de sus bendiciones actuales, y permita que los resultados se derramen en otras vidas. No se trata nunca de competir para ver la copa de quién rebosa más: anime a otros a disfrutar de la generosidad de las promesas de Dios, ayudándoles a percibir lo que Dios ha estado haciendo en y por ellos. Puede tener un ministerio poderoso, en conversaciones de persona a persona, si empieza diciendo: "¡Estoy impaciente por contarle las maneras en las que he visto cómo las promesas de Dios obran en su vida!". ¡Serán todo oídos!

AGRADECIMIENTOS

Doy las gracias casi a todo el mundo; cada persona que estuvo a nuestro lado durante la temporada más oscura de nuestras vidas. No fue fácil mantener la mano sobre el arado cuando parecía que habíamos perdido nuestro rumbo en el campo. Estoy muy agradecido por aquellos que estuvieron a nuestro lado y nos animaron a seguir adelante.

Rick Donald, nuestro pastor asistente desde el principio de los tiempos (o eso parece) y su esposa, Lyn. Kathy Elliott, mi ayudante personal durante ese mismo periodo. Luke Ahrens, ayudante en mi despacho y que ahora es fundador de iglesias para la iglesia Harvest Bible Chapel, en Columbus, Ohio. Doy las gracias a Robert y Mary Jones, Fred Adams, nuestro director financiero, Bill Molinari y Kent y Nancy Shaw.

Mi más sincera gratitud por la compostura y el compromiso que nos manifestó Janine Nelson, directora ejecutiva de *Walk in the Word*. Doy gracias por estas y por muchas otras personas; por Ministry Leadership Team y el personal de Harvest Bible Chapel. Scott Pierre, presidente de *Walk in the Word*, su familia, y los otros miembros de la junta que han perseverado con nosotros en la fe.

Doy gracias por todos los siervos de Dios que siguen con nosotros en estos días soleados, en los que vemos fruto, bendiciones y alegría en el ministerio superiores a los de cualquier otro momento. Doy gracias por nuestra familia eclesial, que ha jugado un papel en mi santificación, y que ha sido el terreno en el que he puesto a prueba las promesas de Dios. Estoy convencido de que la constancia de su amor y de sus oraciones fue lo que marcó la gran diferencia. Doy gracias por mis socios editoriales en Moody, con gran talento, y también por Neil Wilson. Robert Wolgemuth y el equipo en Wolgemuth and Associates merecen también mi más sincera gratitud.

La lista podría ser larguísima. Hay muchas personas nuevas y maravillosas en nuestro equipo de ministerio actual, pero a los supervivientes siempre nos resultan más preciosas quienes soportaron la tormenta. Sobre todas las cosas, juntos y de rodillas, con las manos alzadas a los cielos, damos gracias al Señor, el Dios de las promesas que ha cumplido todo lo que ha dicho. ¡TODO! ☺

James MacDonald
Otoño de 2010

NOTAS

1. 4 de agosto de 2005, transcripción de *CNN Larry King Live*.
2. http://www.alsirat.com/lastwords/utoz/jwesley.html.
3. Para más información sobre este tema, véase James MacDonald, *¡Señor, ayúdame a cambiar!* (Grand Rapids: Portavoz, 2012).
4. http://jeffreygoldberg.theatlantic.com/archives/2008/06/mearsheimer_and_walt_apologist.php.

ISBN: 978-0-8254-1594-1

ISBN: 978-0-8254-1601-9

ISBN: 978-0-8254-1602-6

ISBN: 978-0-8254-1604-0

ISBN: 978-0-8254-1808-2

La combinación perfecta de anécdotas, preguntas para hacerte reflexionar y principios bíblicos te ayudarán a tener más control sobre estos aspectos de la vida en solo treinta días.

RESUELVA SUS CONFLICTOS

CÓMO ESTABLECER
RELACIONES SALUDABLES

DR. ALAN GODW

Aprenda a evitar los conflictos con los demás y manejar los encuentros difíciles de forma constructiva. No importa cuánto ame, le simpatice o quiera llevarse bien con alguien, tarde o temprano tendrá un desacuerdo con esa persona. Como resultado de años de consejería a individuos y parejas, investigaciones y sabiduría bíblica, Alan Godwin ha elaborado un análisis fácil de entender acerca de los conflictos "buenos" y "malos".

ISBN: 978-0-8254-1281-9

Muchas de las personas que parecen vivir en libertad son controladas en secreto por una compulsión. La adicción es un problema que crece rápidamente entre cristianos y no cristianos por igual. Incluso los comportamientos socialmente aceptables, como ir de compras, comer, trabajar, jugar y hacer ejercicio, pueden tomar control de su vida sin darse cuenta. Psicólogo clínico David Hawkins rompe el silencio con esta esclarecedora exposición de las adicciones que controlan a las personas todos los días.

ISBN: 978-0-8254-1295-0

¡Acabe con las adicciones cotidianas!

PONGA FIN A
ESOS MALOS HÁBITOS
QUE LE CONTROLAN

Dr. David Hawkins
